Alfredo Sáenz

LA NAVE Y LAS TEMPESTADES

La Sinagoga y la Iglesia primitiva
Las persecuciones del Imperio Romano
El arrianismo

LA NAVE Y LAS
TEMPESTADES

Alfredo Sáenz

LA NAVE Y LAS TEMPESTADES

La Sinagoga y la Iglesia primitiva
Las persecuciones del Imperio Romano
El arrianismo

EDICIONES GLADIUS
2002

Imagen de portada: *La Tempestad*, Pedro Bruegel "el Viejo" (c. 1525-1569)

Índice

Introducción

Un nuevo libro debido a la prolífica pluma del padre Sáenz, *ad maiorem Dei gloriam*, para la difusión de la Verdad y la edificación de los hermanos en la Fe. Con el último que me había tocado prologarle creí completada esta su labor de esclarecimiento histórico-teológico. El padre Sáenz había abarcado, en una síntesis muy bien elegida, las etapas más significativas para una interpretación de la historia que, para un cristiano, no puede ser otra que la que resulta de la respuesta humana al designio divino de la redención operada en Cristo. La serie histórica del padre Sáenz abarcaba, desde aquella primera relación de la Humanidad receptiva, acogedora del Mensaje, en *La Cristiandad y su cosmovisión*, pasando por este que entendemos como culminación del *non serviam* y la apostasía anti-crística en *El Nuevo Orden Mundial*, hasta la sugerencia de un previsible destino en aquel magnífico relevamiento de premoniciones postrimeras de autores cristianos en *El Fin de los Tiempos y seis autores modernos*. Pero había un "cabo", sin embargo, en esta inteligente descripción de la historia humana en relación a Cristo. Porque aquellas primeras obras abarcaban a lo que conocemos como la "Cristiandad": el Mundo, y la historia humana influidos por Cristo y su Mensaje. El apogeo de su recepción asimilativa en la Cristiandad verdadera, y el apogeo de su perversión en este Mundo de la "preñez de los tiempos" que, habiendo conocido a Cristo, no puede, sin embargo, serle indiferente. Y el "cabo" al que me he referido y al que ahora ha atacado el padre y tenemos entre manos es este: la misma historia de Salvación y Rebeldía, pero vista ahora desde el foco de la misma Iglesia de Cristo. De ésta, que es el alma y núcleo de la historia humana después de Cristo, y que en tal carácter es lo que confería sentido y orientaba, primero, a la "Cristiandad", que es desafiada luego de un modo especial en el "Nuevo Orden", y a la que específicamente se dirigen las prevenciones y admoniciones de la Profecía. El primer enfoque histórico lo fue, pues, desde el "Mundo" en relación con la Iglesia; ahora es la propia Iglesia la que es vista en la sucesión de sus relaciones con el Mundo. Y ésta es la "barca" aludida en el título, la barca que, navegando en el mar del Mundo, ha tenido su tiempo de bonanza y de avance venturoso en aquella "edad de la Fe", pero que mucho más habitualmente se ha visto y se verá enfrentada a la necesidad de capear para no ser abismada por las tempestades en el mar del Mundo.

Porque lo descripto por el padre Sáenz en *La Cristiandad y su cosmovisión* no es otra cosa que el Mundo conquistado por el Mensaje evangélico, y la depositaria del Mensaje, y de Cristo mismo, es la Iglesia. Esta Iglesia, que está en el Mundo pero no es *de* él, venció en su momento al Mundo y el mundo fue *de* ella. Fue un triunfo según el modelo de Cristo-Cabeza: el triunfo de la Cruz y del martirio. Y así como el Mundo-vencido por la Iglesia de Cristo no fue un Mundo sojuzgado sino un Mundo *con-vencido* (¡y qué maravillosamente floreció todo lo humano en esta su sumisión a lo divino!), su Vencedor no fue, tampoco, un violento asolador sino un "cordero degollado". Aquella a quien había sido prometido el cetro y la "vara de hierro" los poseyó, sin duda, pero como efecto del sacrificio cruento de sí misma. ¡Qué endeble, que diminuta y frágil aparece la barca de Pedro en la inmensidad del mar tempestuoso del Mundo! ¡Qué de tribulaciones debió sufrir del Mundo para mantenerse fiel al mandato del Maestro, y así conquistar al Mundo sin ser conquistada –vencida y abismada– por él! Porque este mandato era la obligación del apostolado: el Mundo enemigo *debía ser* conquistado y vencido: vencido por la Palabra y el Testimonio. La Palabra, en efecto, implicaba el Testimonio de la sangre, porque el Mundo *no quería* ser vencido: con-vencido. Esto resulta clarísimamente cuando repasamos, a través de la lectura del padre, cuál fue la señal y el desencadenante de la persecución por parte del paganismo: fue la "pretensión", por parte de la Iglesia de Cristo, de poseer la única verdad salvadora. La Iglesia *no podía*, en efecto, acogerse al "beneficio" que le ofrecía la tolerancia del politeísmo pagano, no podía condescender con "otros dioses". La fe de Cristo en aquella primera (dichosa) Iglesia era algo *serio*, y la caridad la *urgía* [1]. Y así la Iglesia, como

____

1 Cf. 2 Cor 5, 14.

depositaria de la verdad redentora del hombre, aparecía "condenada" a la ortodoxia, a *decir la verdad*: no podría nunca "sacudirse al Señor de encima", ni "echarlo por la borda".

Pero la Iglesia, que está en el Mundo y no es *del* Mundo, está hecha, no obstante, con "material humano" sacado del Mundo. El no ser del mundo es en ella sólo una vocación ascética, una difícil renuncia siempre renovada. Pero sin duda que es del Mundo en el sentido consignado: no está hecha con materia astral o angélica sino con lodo humano. No es en el Mundo un cuerpo enquistado o una piedra invulnerable a la fusión en el magma del Mundo. Es permeable, ella también, a las influencias del Mundo. Y de este modo los marineros de la barca, llamados a achicar el agua que haya penetrado en ella por el embate de las olas, son muchas veces precisamente aquellos que inclinan aviesamente la borda para que penetre *más* agua, o abren vías de agua por el casco. Y ocurre entonces que la barca, aun en períodos de bonanza exterior y aparente, comienza a hundirse sin que nadie sepa por qué y su perfil se va haciendo cada vez más indistinguible de la superficie marina.

Porque las olas que mueven estas tempestades son algunas exteriores, pero las hay también interiores. Y esto es lo que resalta sugestivamente en la obra del padre Sáenz, donde han sido descriptos modélicamente los que a nuestro entender son los tres obstáculos "esenciales" con los que se ha enfrentado la Iglesia en su misión de apostolado y conquista del Mundo, y con los que se enfrentará siempre. Tres obstáculos: tres olas.

* * *

De las tres turbulencias históricas que señala el padre, sólo una –sintomáticamente– responde a lo que hemos calificado como "exterior", es decir, como un adversario a la redención cristiana que atacó a la Iglesia "desde fuera" de la Iglesia: el *paganismo*. Fueron efectivamente las persecuciones romanas, inspiradas por él, las que más típicamente se conocen como "persecuciones": persecuciones del Mundo contra la Iglesia. Y ésta es también la "ola" más manifiestamente "ola": la montaña de agua que se le viene encima. Las otras dos olas ya lo son menos manifiestamente, porque son "interiores", y por ello también menos manifiestamente "persecuciones". Pero *son* una cosa y la otra, olas y persecuciones: el cristianismo judaizante y la herejía.

En primer lugar, el judaísmo. O más bien –por tratarse de una perturbación "interna" de la Iglesia–: el cristianismo judaizante. Como bien lo destaca el padre, éste de los cristianos que "judaizaban" constituyó el primer gran sacudón que sufrió la Iglesia. Y fue una perturbación "interna", ya que se trató, precisamente, del nacimiento del cristianismo en su individualidad distinta del judaísmo: el desgarramiento del "cordón umbilical" de la Iglesia respecto de la Sinagoga. Esta separación no fue, y no pudo ser, una separación pacífica porque igual que frente al paganismo, la Iglesia no podía dejar de ejercer aquí, frente a los "padres", su deber de apostolado. Y el deber de apostolado cristiano respecto al judaísmo obligaba al primero a condenar lo que a sus ojos constituía una desviación del judaísmo auténtico y una traición a la Alianza: porque, precisamente, en Cristo se verificaban las promesas dirigidas a la vieja Israel. Consecuentemente, la Iglesia debió recabar para sí la condición de *verdadera* Israel [2]. Y la oposición a aquellos que "judaizaban" en el interior de la primitiva Iglesia era, en realidad, el rechazo a una actitud por la que ellos se apartaban, al "judaizar", de la verdadera fe judía. Por eso advierte San Juan a la Iglesia de Esmirna contra aquellos que "se llaman a sí mismos judíos y no lo son" [3]. Para la primitiva Iglesia, la Sinagoga había caducado y la herencia de Abraham era recogida por ella. Ahora bien, nada podía enardecer más la inquina de los judíos recalcitrantes, que esta pretensión de la nueva "secta" de representar la ortodoxia judía contra ellos. Y esto fue la señal para el inicio de la primera "ola" o persecución en la que tan sugestivamente se entrecruzan los embates contra la Iglesia procedentes de los judíos y los del poder romano. Fue, sin embargo, y pese a esa connivencia con las autoridades romanas en la persecución contra la Iglesia, un conflicto "interno" o "desde dentro": desde dentro de la familia de la religión bíblica.

Y la otra "ola" es también una ola "interna" o "de dentro", y es la que más ha amenazado siem-

2   "porque la circuncisión somos nosotros, los que servimos en el Espíritu de Dios y nos gloriamos en Cristo Jesús y no ponemos nuestra confianza en la carne" (Fil 3,3).

3   Ap 2, 9.

pre a la Iglesia. Ella es la representada por los enemigos que surgieron de ella: los herejes. Estos que, dice San Juan, "de nosotros han salido, pero no eran de los nuestros" [4]. Lo que quiere decir: que eran cristianos "de nombre", pero no verdaderos: los "anti-cristos". Ahora bien, éstos pertenecen a la Iglesia, permanecen en ella en tanto que la misma Iglesia no los expulsa de su seno. De entre todas las herejías primitivas destaca acertadamente el padre Sáenz, a la que más extendidamente y durante más tiempo permaneció en la Iglesia. La que la penetró con mayor intensidad y fue aceptada hasta el punto de hacerse casi indistinguible de la verdadera Iglesia. Fue el arrianismo. Esta poderosa herejía puso a prueba la capacidad de reacción de la Iglesia naciente para mantener su identidad en la verdadera Fe. Los más grandes representantes de la jerarquía episcopal surgieron de esta lucha, y la cristiandad entera pudo comprobar la portentosa vitalidad y salud de la Iglesia que expulsaba, en el curso del conflicto, el germen patógeno en el concilio de Nicea, primer gran modelo de concilio dogmático. La asistencia del "espíritu de Verdad" se hacía patente, y la misma terrible herejía se convirtió en ocasión para la formulación del inequívoco "credo" católico. Sin embargo, mientras la herejía permaneció difundida en el cuerpo de la cristiandad, la barca pareció abismada en el mar del error mundano: "gimió el orbe entero –llegó a expresar San Jerónimo– y quedó sorprendido al verse arriano".

4   1 Jn 2,19.

* * *

Ahora bien, este repaso histórico que el padre Sáenz ha realizado para nosotros, despierta en nuestra conciencia una inquietante advertencia. A la luz de la coherencia interna de estos momentos históricos y atentos a lo que nos está tocando vivir... ¿no encontramos en aquellas tempestades que enfrentó la Iglesia naciente algo así como la "figura" de nuestros problemas contemporáneos? ¿No se diseña aquí el "typo", en la Iglesia primitiva, de lo que como "anti-typo" se está manifestando en la actual? La Historia de la Salvación está atravesada por signos y analogías. Hay "repetición" en la Historia: repetición de hechos y situaciones que, aunque no sean los mismos, participan de un mismo "espíritu" en situaciones epocales diversas: son análogos. Y es la visión de esta analogía lo que hace comprensible a la historia a quienes intentan entenderla *sub specie aeternitatis*. Porque estas repeticiones, analogías y figuras, son el signo de la acción providente de Dios en el curso de la historia contingente y libre del hombre: la "firma" de Dios en ella. Si, como todos sabemos, las figuras vetero-testamentarias fueron "mensajes" del Espíritu para esclarecer la fe en Cristo en los fieles judíos, ¿no vale esto también para la comparación de los distintos tiempos en la historia de la Iglesia? ¿No vale también para ella el principio de interpretación bíblica que tan bien expresara San Agustín: "lo nuevo en lo antiguo *latet* (está latente), lo antiguo en lo nuevo *patet* (se manifiesta)"? Si así fuera, deberíamos leer esta historia interpretando su sentido a la luz del presente, sirviéndonos recíprocamente del registro pasado como orientación en la interpretación del presente. Porque, leyendo al padre Sáenz, columbramos que la Iglesia ya ha vivido lo que ahora vuelve a vivir, o que lo que está viviendo es en cierto modo repetición de lo ya vivido. Sólo que este "ya ha vivido" y este "volver a vivir" debe ser interpretado en toda su fuerza reveladora. Porque lo que ahora nos toca es un "volver a vivir" con una característica y una intensidad distintas, con una diferencia epocal en verdad decisiva: porque aquello era inicial y –si la analogía es válida en todos sus términos– esta situación de la Iglesia actual parece terminal.

En los tiempos en que la Iglesia daba sus primeros pasos en la historia, en los tiempos apostólicos y ya entonces, alertaba el discípulo amado a los fieles sobre el hecho de que los tiempos del anti-cristo ya habían comenzado [5]. Así pues, la obra del anti-cristo, que para los creyentes representa un acontecimiento terminal y postrero, debe ser visto también, sin embargo, como operante desde los comienzos. El "misterio de iniquidad" ya está actuando, dice el Apóstol a los Tesalonicenses [6]; ya está actuando, pero su manifestación se dará al fin de los tiempos con caracteres inéditos. Repetidos, pues, pero a la vez "novedosos".

---

5 Cf. 1 Jn 2, 18.
6 Cf. 2 Tes 2, 7.

Y, entonces, estas tempestades, estas "olas" que recorren la descripción del padre, y por las que el Enemigo ha sacudido a la barca en sus inicios, ¿no serán las mismas con las que la sacuda al final? ¿las mismas, sólo que mucho más graves, porque hay características epocales diferentes, porque "mucha agua ha corrido bajo el puente", y porque los tiempos no avanzan en vano? Personalmente creo que es así, y que el valor fundamental que resulta de la lectura de esta obra del padre es la convicción de que en estas tres "olas" se resumen los tipos de perturbación esenciales que puede sufrir la Iglesia, y que ellas son las que hoy soporta de un modo acrecido y "terminal".

Apuntemos, en primer lugar, a lo que podría ser en el presente, una repetición de aquella "judaización" del cristianismo y de la Iglesia a la que el padre apunta como al primer drama sufrido por ella. Sería, en esencia, lo que ya fue, sólo que en una dimensión más grave. Judaización en la Iglesia sería todo intento en su seno, por desvirtuar la diferenciación esencial entre cristianismo y judaísmo, y lo que es su consecuencia inmediata: la renuncia al deber esencial de apostolado frente a los judíos. Porque apostolado es obra de caridad, y la caridad impone decir la verdad. Cristianismo "judaizante" sería, pues, hoy, aquel que en aras de una falsa caridad callara hipócritamente esto que es convicción cristiana: que la fe en el único Dios verdadero, el Yahvé del antiguo testamento, no es tal si no reconoce a Cristo como su verdadera manifestación a los hombres. Porque "nadie conoce al Padre sino el Hijo, y aquel a quien el

Hijo se lo da a conocer" [7]. Cristianismo judaizante sería así, hoy, el que propagara imprudentemente este equívoco: que judíos y cristianos "adoramos al mismo Dios".

Y ¿qué sería, hoy, para seguir el orden de las "olas" que menciona el padre, el paganismo como perturbación actual para la Iglesia? Una diferencia epocal salta a la vista inmediatamente cuando comparamos la relación de la Iglesia con el paganismo romano y su relación con el neo-paganismo actual. Aquélla resultó en una persecución violenta: hoy, en cambio, nadie amenaza de ese modo a la Iglesia. Nadie, o, por lo menos, ningún poder "neo-pagano". Muy por el contrario, lo que hoy se podría entender como "neo-paganismo", es decir, "mundanismo", ofrece a la Iglesia una pacífica convivencia. Pero sin embargo, la causa que en aquel entonces movió a la persecución, vuelve a hacerse presente y de un modo agravado. Y esta causa no es otra cosa, hoy nuevamente, que un nuevo politeísmo y un nuevo "panteón de dioses". Porque esto mismo es lo que hoy llamamos "pluralismo", y que aunque no asume las formas míticas del pasado, le es esencialmente idéntico desde el punto de vista de la actitud religiosa. Ahora, como entonces, el centro de la religión pagana es, en realidad, una actitud "humanista": el "respeto a todas las opiniones religiosas" o, lo que es lo mismo, el relativismo religioso. Fue el rechazo de este relativismo lo que desató la persecución romana

7   Lc 10, 21.

contra la primitiva Iglesia. El rechazo del relativismo como suma impiedad, impiedad que, a la larga, debía manifestarse como lo que en el fondo era: adoración del hombre. Y eso es hoy, nuevamente, la terrible ola que se cierne sobre la Iglesia fiel: y que si no se desata en persecución violenta es, quizás, porque no se ha sido aún suficientemente explícito en condenar el credo del "pluralismo" pagano.

Y por último, y relacionado inmediatamente con lo anterior, ¿no hay herejía, hoy nuevamente, difundida en la Iglesia, como aconteció con el arrianismo, hasta hacer decir a un santo doctor "gimió el orbe cristiano al reconocerse hereje"? Esta expresión "herejía en la Iglesia" parecería sospechosa, ella misma, de herejía. ¿Puede haber herejía en la Iglesia, una, santa, católica y apostólica? Puede, puesto que ya se dio en la historia. Cierto que, a la larga, la Iglesia terminó expulsando de sí a la herejía. Pero puede, durante períodos más o menos largos, la herejía "morar" en la Iglesia y, en este sentido, aquella gran herejía que fue el arrianismo, es un "typo" frente a toda forma de herejía renuente a la separación. Y, ¿no hay herejía así, hoy en la Iglesia? Fue Pío X, el único papa santo de nuestro siglo, quien señaló al "modernismo" como la herejía más grave de entre todas las sufridas por la Iglesia en la historia, precisamente por su renuencia a la separación, por su astucia para el disimulo y su capacidad mimética. Este "modernismo" se trocó luego en "progresismo" que, al decir de Maritain –mucho más cercano a nosotros y reacio a esta condena–, representó, en comparación con aquél, lo que un cáncer en relación a un resfrío. Sin duda, como el arrianismo, esta herejía "postrera" (Pío X la consideró también resumen de todas las herejías) "mora", y se demora en la Iglesia. Hasta ahora no ha sido expelida. ¿Deja por ello de ser herejía? Si el hereje es –al decir de San Juan– "el que ha salido de nosotros pero no era de los nuestros" éste, sencillamente, todavía no ha salido, pero es evidente que, desde *ya*, no es de los nuestros.

Así pues: todo esto que estamos viviendo, ya ha sido vivido. Ha sido vivido "distinto", pero lo ha sido. Distinto: porque una cosa es el nacimiento y la primera edad, y otra la ancianidad y vejez. Pero la substancia es la misma: es el conflicto enorme, entre la inmensa Caridad Redentora, y la humanidad que oscila entre la aceptación y el rechazo. Y por esto debemos leer historia, historia de la Iglesia en relación con el mundo. Porque esta lectura es aleccionadora, y cuando la situación aprieta, como hoy, hasta el punto de hacernos flaquear en nuestra esperanza, es enormemente consoladora. Porque es consolador saber que algo análogo ya ha ocurrido: que la Iglesia "estaba para morir" y no murió. Que la Iglesia es, propiamente, un "milagro moral": porque atento a las que pasó, ya desde su nacimiento debería haber desaparecido.

Este libro del padre Sáenz es un libro de historia *para eso*. No es, sin duda, historia "erudita", con amontonamiento de citas y profuso "andamiaje crítico". Es un libro para ser leído con la intención apuntada: para ser uno aleccionado por la historia. Para nutrirse de ella, como querían los clásicos, como *magistra vitae*. Para sumar, al alimento doctrinario por el que nutrimos la inteligencia de la fe, el sabor que aporta la descripción de lo ya acaecido: esa *experiencia*, recogida por la relación histórica y que nos sirve como *preambulum fidei*. ¡Para cuántos, en efecto, no ha sido ese conocimiento de la historia de la Iglesia, el testimonio de la asistencia del Espíritu Santo sobre ella! Porque no hay duda que esta barca hubiera zozobrado tiempo ha, si no llevara a Cristo a bordo. Y a quienes hoy nos sentimos explicablemente angustiados por la nueva marejada que, desde el exterior y desde el interior, amenaza a la Iglesia, valga la enseñanza del episodio evangélico, sabiamente sugerida por el padre Sáenz: "Se produjo en el mar una agitación grande, tal que las olas cubrían la nave; pero Él entre tanto dormía, y acercándose le despertaron, diciendo: Señor, sálvanos, que perecemos. Él les dijo: ¿por qué teméis, hombres de poca fe? Entonces se levantó, increpó a los vientos y el mar, y sobrevino una gran calma. Los hombres se maravillaban y decían: ¿quién es éste, que hasta los vientos y el mar le obedecen? [8].

FEDERICO MIHURA SEEBER

---

8   Mt 8, 24.

Prólogo

El presente libro transcribe el curso que estamos dictando a lo largo de este año en la Corporación de Abogados Católicos. La elección del tema se la debemos a una insinuación de nuestro querido amigo, el P. Néstor Sato. Conversando un día con él sobre los acuciantes problemas de nuestro tiempo, en especial las graves dificultades por las que atraviesa la Iglesia, el padre nos decía que, hace ya muchos años, alternando con el padre Julio Meinvielle sobre temas análogos, éste le había recomendado la lectura de un libro de Godefroid Kurt, llamado *La Iglesia en las encrucijadas de la historia*. La idea del autor –y tal era el motivo por el cual el recordado padre Meinvielle recomendaba dicha obra–, era mostrar cómo en situaciones dramáticas para la Iglesia, donde al parecer lo que estaba en juego era su misma supervivencia, a la postre salía misteriosamente indemne. Todo hacía esperar que frente a tales oleajes de la historia, la débil barca de Pedro hubiera debido zozobrar.

En relación con ello viene a nuestro recuerdo una conversación que años atrás mantuvimos en Roma con el padre Henri de Lubac, futuro cardenal, donde abordamos temas semejantes. Refiriéndose el padre a la actual crisis de la Iglesia nos dijo algo así como esto: "Si la Iglesia fuese una sociedad puramente humana, jamás podría sobrevivir

a una coyuntura como la que estamos viviendo."
A lo que le respondimos: "Entonces, padre, seremos testigos de un milagro?" Él asintió.

Este librito será el primero de una serie bajo el mismo título *La nave y las tempestades*. En los ciclos culturales que, Dios mediante, seguiremos dictando los próximos años en la misma sede de quienes con tanta cordialidad nos están invitando desde hace tiempo, abordaremos nuevas "tempestades" que se han ido sucediendo en el curso de la historia: las invasiones de los bárbaros, el peligro del feudalismo, el islamismo, la rebelión luterana, la Revolución francesa, el modernismo, la crisis de nuestra época. Cada librito contendrá, como éste, tres o cuatro de esas "tempestades" o encrucijadas de la historia.

En medio de cada una de ellas, Dios nunca dejó de suscitar personalidades vigorosas que, no rindiéndose a las circunstancias, supieron enfrentar con lucidez y coraje la adversidad de la situación. Refiriéndose a esos hombres y mujeres providenciales escribía a fines del siglo XIX, época azarosa de la historia, monseñor Charles E. Freppel, obispo de Angers (Francia), fundador de la Universidad Católica de dicha ciudad y estrecho colaborador del cardenal Louis E. Pie, el gran obispo de Poitiers, tanto en el Concilio Vaticano I, como en los combates de la época:

> No conozco páginas más bellas en la historia
> que aquellas donde veo una gran causa en apa-
> riencia vencida, y que encuentra a su servicio hom-
> bres tan arrojados que no se entregan a la deses-

peranza. He ahí los grandes ejemplos que conviene proponer a la generación de nuestro tiempo, para inclinarla a que pongan al servicio de la religión y de la patria un coraje que no se deje quebrar por las derrotas pasajeras del derecho y de la verdad. Hablo a jóvenes que tendrán que luchar más tarde por la causa de Dios y de la sociedad cristiana, en las filas del sacerdocio, de la magistratura, de la administración, del ejército, o en cualquier otro puesto que haya complacido a la Providencia asignarles. La virtud de la fortaleza les será necesaria en toda circunstancia. Por qué no decirlo, queridos hijos, el período de la historia en que se desarrollará la vida de ustedes, no se anuncia como una era de tranquilidad, en que el acuerdo de las inteligencias y de las voluntades aleja el combate. Pero cualesquiera sean las alternativas de reveses o de éxitos que el futuro les reserve, la recomendación que yo querría darles es que jamás se entreguen al desaliento. Porque Dios, de quien somos y para quien vivimos, no nos manda vencer sino combatir. El honor de una vida, así como su verdadero mérito, consiste en poder repetir hasta el fin aquellas palabras del divino Maestro: «Lo que debimos hacer, lo hicimos» (Lc 17, 10). El resto hay que dejarlo en manos de Dios, que da la victoria o que permite la derrota, y que hace contribuir a una y otra al cumplimiento de sus eternos e impenetrables designios.

Nadie puede ignorar que estamos pasando por circunstancias dramáticas no sólo en la historia del mundo sino también en la vida de la Iglesia. Recordemos la terrible frase del papa Pablo VI acerca del humo de Satanás que ha penetrado hasta el interior de la Iglesia, sumiéndola en "un momento de autodemolición". Pues bien, el curso que estamos dando y consiguientemente el presente libro, así como los que lo sigan, tienen una intención principal, la de consolar a sus oyentes primero, y a sus lectores después. Aunque todo parezca naufragar, la Iglesia posee la promesa de la indefectibilidad, un hecho realmente milagroso: "Yo estaré con vosotros hasta la consumación del mundo" (Mt 28, 20). Cristo está siempre en la Iglesia. A veces parecerá que duerme, en medio de las borrascas, pero *está*.

LA SINAGOGA
Y LA IGLESIA PRIMITIVA

YA en los primeros decenios de su existencia, la Iglesia debió abocarse a la resolución de un problema nada fácil de superar. Fue la de su vínculo o nexo con el viejo judaísmo. ¿Sería la Iglesia una colateral del judaísmo, su continuación o su superación?

Cuando Cristo ascendió a los cielos, la Iglesia contaba con unos quinientos fieles en Galilea y unos ciento veinte en Jerusalén. Diez días después de la Ascensión del Señor, se celebró en Jerusalén la fiesta de Pentecostés. Ha de saberse que tres eran las principales fiestas de los judíos: Pascua, Pentecostés y Tabernáculos. En esos tres días se congregaban grandes multitudes de judíos, no sólo del territorio contiguo a Jerusalén, sino también de la diáspora, es decir, de diversos puntos del mundo donde existían colectividades judías.

¿Por qué eran tantos los judíos que vivían en la dispersión? En un principio todos habitaban dentro del territorio de Palestina, en la idea de que habían sido escogidos y en cierta manera separados por Dios del resto de los pueblos. Sin embargo, con ocasión del cautiverio de Nínive, el año 722 a.C., y de Babilonia, los años 596 y 587 a.C., obligadamente entraron en contacto con otras naciones. Así, aun después de obtenida la libertad, muchos se quedaron en tierras extranjeras, formando nutridas colonias judías. Lo mismo sucedió con los judíos que Alejandro atrajo a Alejandría, su nueva capital. El hecho es que cuando Cristo apareció entre nosotros, numerosos judíos moraban en todas las provincias del Imperio. Flavio Josefo decía que "sería difícil hallar una sola ciudad en donde no hubiera judíos". Estos judíos de la diáspora, esparcidos por los pueblos, no se mezclaban con los del lugar, si bien usaban sus lenguas respectivas. La relación de esos judíos con Palestina se mantenía en pie. Jerusalén seguía siendo su capital espiritual y el Sanedrín su autoridad suprema.

Pues bien, como acabamos de decir, diez días después de la Ascensión del Señor a los cielos, el día de Pentecostés, estaban los apóstoles, junto con María, reunidos en el Cenáculo, donde Cristo había celebrado la Última Cena, y en medio de un viento impetuoso, descendió sobre ellos el Espíritu Santo en forma de lenguas de fuego, según se les había anunciado. Los discípulos, hasta entonces ignorantes y cobardes, quedaron transformados en su inteligencia y en su voluntad, llenos de lucidez y pletóricos de coraje. Rotos los candados de la cobardía, que los mantenía encerrados allí, por miedo a los judíos, se abrieron las puertas del Cenáculo, y comenzaron a predicar a la multitud congregada en ese lugar. El discurso de Pedro fue decisivo: "Varones israelitas, escuchad estas palabras: a Jesús, el Nazareno, varón acreditado de parte de Dios ante vosotros con milagros, prodigios y señales, que Dios obró por él en medio de vosotros, según que vosotros mismos sabéis, a éste, vosotros, dentro del plan prefijado y de la previsión de Dios, habiéndole entregado, clavándole en una cruz por manos de hombres sin ley, le disteis la muerte..." (Act 2, 22-23). Movidos por estas palabras conmovedoras, tres mil personas pidieron el bautismo. Como en buena parte eran judíos de la diáspora, cada grupo hablaba el idioma de sus lugares de proveniencia. Con todo, según lo relata el texto sagrado, cada cual lo entendió en su propia lengua, con lo que quedó simbolizada la universalidad de la revelación cristiana, por sobre las fronteras de los distintos países (cf. Act 2, 1-11).

I. ¿Una rama de la religión judaica?

Justamente éste sería el gran escollo que debió superar la Iglesia primitiva. Porque después de nuevas predicaciones y de nuevos milagros, entre los cuales resultó especialmente impactante la curación del paralítico de nacimiento, justamente a las puertas del Templo, el número de fieles subió pronto a cinco mil (cf. Act 4, 4). Entre los que se iban convirtiendo, la mayor parte eran de raza judía.

¿Sería el cristianismo una rama de la religión judaica, o se trataba de algo nuevo? En otras palabras: ¿Cómo llegó el cristianismo a independizarse de sus raíces locales y convertirse en una religión universal? Nuestra religión se llama *católica*, es decir, universal. Ello es para nosotros algo obvio y aceptado sin reservas. Cristo envió a los suyos "a todas las naciones" (Mt 28, 19), diciéndoles: "Seréis mis testigos en Jerusalén, en toda Judea, en Samaría y hasta el extremo de la tierra" (Act 1, 8). Sin embargo dicho universalismo no fue entendido de entrada por todos. Tal desinteligencia constituyó el primer gran escollo con que se topó la Iglesia en los albores de su existencia. ¿Cuál era la actitud que se debía tomar frente a la ley antigua, frente a Israel? No olvidemos que los cristianos, al igual que los judíos, estaban convencidos de que Israel era el pueblo de Dios; judíos de nacimiento, como los doce apóstoles y los setenta y dos discípulos, fieles a la ley de Moisés, sólo podían entender el cristianismo como un complemento del judaísmo. La Iglesia no era sino la flor que coronaba el viejo tronco de Jesé.

Resultaba lógico que así se pensara. Desde hacía siglos, Israel esperaba al Mesías. Los profetas le habían enseñado que saldría de sus filas, y que vendría a establecer el reino de Dios, implantando en la tierra la justicia y la paz. Es cierto que la mayor parte de los judíos, cuando pensaban en el futuro reino, lo concebían como un reino prevalentemente material, no como un reino espiritual, según lo entendieron los cristianos desde el principio. Pero siempre era para todos, judíos y cristianos, "el reino de Israel". Por algo Dios le había prometido a Abraham que tendría una descendencia inmensa, y a Moisés le anunció que entablaría una alianza con su gente, merced a la cual Él sería su Dios e Israel la parte de su herencia, y a David le aseguró que el Mesías provendría de su casa real. El mismo Cristo afirmaría que Él no había venido a abrogar la Ley sino a darle pleno cumplimiento (cf. Mt 5, 17). Más aún, les encargaría a sus discípulos que cuando se lanzasen a la predicación de la buena nueva empezaran por los judíos.

Parecía, pues, obvio que en el pensamiento de los primeros cristianos, todos o casi todos de procedencia judía, la Iglesia no era sino la prolongación de Israel, una nueva rama brotada del pueblo elegido. La Iglesia era judía: judío su divino fundador, judía su madre, judíos los apóstoles, judíos sus primeros miembros. Aquellos tres mil hombres que se convirtieron a raíz de la predicación de Pedro el día de Pentecostés eran también judíos. Cuando el apóstol les decía: "Varones israelitas, escuchad estas palabras", estaba hablando exclusivamente a judíos. Y más tarde, cuando los enviados de Jesús, apóstoles y discípulos, fueron recorriendo Palestina, se detenían sólo en las ciudades donde existían comunidades judías, iban a las sinagogas y allí anunciaban que el Mesías por ellos esperado ya había llegado: no era otro que Jesús de Nazaret, el hijo de María. Como se ve, la Iglesia hundía sus raíces en la Sinagoga.

Antes de seguir adelante debemos hacer una aclaración. Entre los judíos había dos corrientes espirituales respecto de los extranjeros, o de los "gentiles", como gustaban llamarlos, los integrantes de las diversas "naciones". Una era la del particularismo. Un escritor judío del siglo II, el autor de la *Carta de Aristeo*, decía: "El Legislador nos encerró en los férreos muros de la Ley, para que, puros de alma y de cuerpo, no nos mezclásemos para nada con nación alguna." Tal era la posición común entre los judíos de Jerusalén y de Palestina, que vivían aferrados al Templo y su entorno cultual. Pero había también otra corriente, más universalista, en base a lo que Dios le había prometido a Abraham: "En ti serán benditas todas las familias de la tierra" (Gen 12, 3). Ellos hacían suyas las palabras de Tobías: "Confesadle, hijos de Israel, ante las naciones, porque él os dispersó entre ellas... Pregonad que él es nuestro Dios y Señor, nuestro Padre por todos los siglos" (Tob 13, 3-4). El lugar privilegiado de esta tendencia era Alejandría, donde vivía una nutrida colonia judía en estrecho contacto con el mundo helénico. Según una legendaria tradición, el faraón Ptolomeo II había hecho traducir al griego los libros sagrados de Israel por una comisión de setenta sabios. Fue la llamada versión de "los Setenta", que se difundiría por doquier. Allí floreció también el gran pensador Filón, contemporáneo de Cristo, que sin perder la fidelidad a su pueblo, no ocultaba su admiración por Platón, tratando conscientemente de utilizar la cultura griega para ponerla al servicio de la fe judía. Los seguidores de esta segunda corriente se esforzaban por conquistar a la fe revelada a los hijos de otros pueblos, en un sincero proselitismo. De ello da testimonio el mismo Evangelio, según se colige por aquel reproche de Jesús: "¡Ay de vosotros, escribas y fariseos hipócritas, que recorréis mar y tierra para hacer un solo prosélito, y luego de hecho, lo hacéis hijo de la gehena, dos veces más que vosotros!" (Mt 23, 15). Más allá del aspecto recriminatorio de las palabras del Señor, se advierte cómo los judíos trataban de propagar su fe.

Había, pues, una multitud de "prosélitos", es decir, de adherentes gentiles que abrazaban el judaísmo. Unos eran los "prosélitos de la puerta", así llamados porque sólo podían franquear la puerta del primer atrio del templo de Jerusalén. Debían reconocer al verdadero Dios, observar el sábado, contribuir al sostenimiento del Templo y frecuentar las sinagogas. Los otros, los "prosélitos de la justicia", eran los que aceptando el Pentateuco y la circuncisión, entraban en la comunidad de la alianza y se hacían judíos de nación y de religión. Los primeros, los de la puerta, por no haber accedido a la plenitud, estaban excluidos de la participación del culto judío, no pudiendo entrar en el Templo. Eran judíos, sí, pero de segunda categoría.

Pues bien, para los primeros cristianos la Iglesia era algo así como una rama de la Sinagoga, una rama peculiar, por cierto, diferente, ya que no era incluible ni en las filas de los fariseos, con sus filacterias en la frente, ni tampoco de los saduceos, porque no huían como éstos del mundo. Era una rama a la que Dios había revelado el sentido real de las profecías, por lo que podían anunciar con certeza: *Ha llegado el Mesías*. A la Sinagoga no se podía entrar sin ser miembro, por nacimiento o por adopción, del pueblo de Israel. Hoy se nos hace difícil de entender esa manera de pensar: tener que renunciar, casi, a la propia nacionalidad, para hacerse miembro de ese pueblo pequeño, universalmente despreciado, objeto de odio para todo el género humano, como decía Tácito, y luego el mismo San Pablo. Renunciar a ser griego o romano para hacerse judío. Con todo, así lo han de haber entendido inicialmente aquellos cristianos. Ni hubieran podido entenderlo de otra manera, si no recibían una nueva luz sobre dicho problema. Tal sería la primera gran encrucijada en la historia de la Iglesia. ¿Sería el cristianismo, asimilado a Israel, una religión nacional? ¿O sería católico, o sea, universal?

Esta perplejidad se manifestaba asimismo en la liturgia de los primeros cristianos. Había entre ellos un culto privado, que se realizaba en las casas particulares, y consistía en la predicación de los apóstoles y la celebración de la Eucaristía, pero también asistían al culto público, que celebraban en el Templo, junto con los demás judíos (cf. Act 2, 42.46). Por eso, como también lo había hecho Jesús, acudieron a las sinagogas, donde les era posible hacer oír la buena nueva al interpretar la ley y los profetas. Lo único que los distinguía de los allí presentes era la fe en el Mesías ya venido. El vínculo entre la Iglesia y la Sinagoga sólo se rompería por una señal del cielo y en razón de una imposibilidad absoluta, cuando la autoridad de la Sinagoga, hasta entonces respetada, rechazase de manera formal la buena nueva, consumando teológicamente su hostilidad.

II. Las persecuciones del Sanedrín

Si bien es cierto que al afirmar que Jesús era el Mesías, los miembros de la nueva comunidad se ponían en rebeldía con la Ley, ya que su jefe había sido condenado por el tribunal sagrado, al principio ni el Sanedrín ni los fariseos y saduceos se alarmaron demasiado por los progresos del cristianismo. Eliminado el jefe, sin que sus discípulos lo defendieran, nada parecía de temer. Por lo demás, la nueva secta, aun cuando había ganado el favor del pueblo, resultaba insignificante frente al aparato judío y al antiguo culto que persistía serenamente, por lo que no se veía prudente perseguirla. Pero las cosas comenzaron a enrarecerse cuando cierto día, a la hora de la oración vespertina, Pedro y Juan se dirigieron al Templo para orar. A la entrada yacía un tullido de nacimiento, que les pidió una limosna. Pedro le dijo que no tenía dinero pero que le daba lo que estaba a su alcance, el poder de curarlo. Y así fue. Todos los presentes quedaron estupefactos, y se arremolinaron en torno a los dos apóstoles. Entonces Pedro habló al pueblo enrostrándoles el haber entregado a Jesús cuando Pilato deseaba liberarlo. "Vosotros negasteis al Santo y al Justo, y pedisteis que se os hiciera gracia de un homicida. Disteis muerte al príncipe de la vida, a quien Dios resucitó de entre los muertos... Arrepentíos, pues, y convertíos, para que sean borrados vuestros pecados." Prosiguió diciéndoles que Dios había preanunciado estas cosas por los profetas, así como por Moisés. Ellos eran los hijos de los profetas y de la alianza que Dios estableció con sus padres. "Resucitando Dios a su Hijo, os lo envió a vosotros primero para que os bendijese al convertirse cada uno de sus maldades" (Act 3, 14-26). Era demasiado para los jefes de la Sinagoga. Mientras Pedro hablaba, las autoridades lo mandaron prender, juntamente con Juan, ordenando que fuesen conducidos al día siguiente a la presencia del Consejo. Así se hizo, pero al comparecer ante el tribunal Pedro no se amilanó, confesando tajantemente que no había salvación sino en Jesucristo, piedra angular rechazada por la Sinagoga.

Comenzó entonces a desencadenarse la persecución. La Iglesia tuvo su primer mártir en el diácono Esteban. Era éste un alma de fuego, al tiempo que una persona de gran cultura, quizás de origen alejandrino, que conocía muy bien las tradiciones del pueblo elegido, pero tenía asimismo plena conciencia de la novedad del Evangelio, convencido como estaba de que no había que echar vino nuevo en odres viejos. Por eso los judíos, que discutían con él sin lograr convencerlo, lo consideraban un enemigo peligroso. Llevado ante el Sanedrín, presentaron testigos falsos que decían: "Este hombre no cesa de hablar contra el lugar santo y contra la Ley; y nosotros le hemos oído decir que ese Jesús de Nazaret destruirá este lugar y mudará las costumbres que nos dio Moisés" (Act 6, 13-14). El sumo sacerdote le preguntó si era cierto lo que de él se decía. Esteban tomó la palabra y pronunció un enérgico discurso que merece ser leído en su integridad (cf. Act 7). Tras recordar los grandes jalones de la historia de salvación: la elección de

Abraham, el pacto de la circuncisión, la venta de José por parte de sus hermanos y su ulterior elección como gobernador de Egipto, donde acabó trasladándose el pueblo, la figura de Moisés, la salida de Egipto, la entrega de la Ley en el Sinaí, la peregrinación por el desierto con el arca de la alianza, la entrada de Josué en la tierra prometida, el gobierno de los reyes David y Salomón, autor este último del templo de Jerusalén, terminó: "¡Duros de cerviz e incircuncisos de corazón y de oídos! Vosotros siempre habéis resistido al Espíritu Santo; como vuestros padres, también vosotros. ¿Qué profeta hubo a quien no persiguieron vuestros padres? Dieron muerte a los que de antemano anunciaron el advenimiento del Justo, a quien vosotros habéis ahora traicionado y asesinado" (Act 7, 51-52). Esteban fue lapidado y murió orando por sus enemigos.

Este hecho fue realmente detonante. Los fariseos y saduceos se reunieron en Jerusalén, decididos ya a extirpar la nueva doctrina. El mismo día de la lapidación de Esteban "comenzó una gran persecución contra la Iglesia de Jerusalén" (Act 8, 1). Muchos fieles se dispersaron por Judea y Samaría, y hasta por Fenicia, Chipre y Siria. Uno de ellos, el diácono Felipe, se dirigió a tierra de los samaritanos, para anunciarles la buena nueva (cf. Act 8, 4), lo que para los judíos ha de haber constituido una especie de escándalo, ya que odiaban a los samaritanos, descendientes de un revoltijo pagano, cuya sangre, al decir de los rabinos, "era más impura que la sangre de los cerdos". La multitud recibió con benevolencia las palabras de Felipe. No en vano Jesús había dicho a la samaritana, al pie del monte Garizim: "Se acerca la hora en que no será sobre esa montaña ni en Jerusalén, donde se adorará al Padre..., sino en espíritu y en verdad" (Jn 4, 21.23). El bautismo de los samaritanos cumplía dicha profecía, al tiempo que implicaba un primer paso en la superación del particularismo judío.

Pero Felipe pronto dio un segundo paso. Por indicación especial del cielo, salió de Samaría, y se dirigió hacia el sur, de Jerusalén a Gaza. Mientras iba caminando, se detuvo junto a él una carroza donde viajaba un oficial de Etiopía, ministro de la reina Candace. Era uno de esos gentiles simpatizantes del judaísmo, que sin duda había ido a adorar a Dios en el templo de Jerusalén, con motivo de alguna de las fiestas. Estaba leyendo, precisamente, la Sagrada Escritura, más concretamente, un texto de Isaías, donde se profetizaba la venida de un Mesías doloroso (cf. Is 53, 7s). Felipe se ofreció a interpretárselo. Resultó tan convincente su explicación del cumplimiento en Cristo de dicha profecía, que el viajero se convirtió en el acto, pidió ser bautizado, y recibió allí mismo el agua salvadora, en un arroyo cercano a la carretera (cf. Act 8, 26-38).

Mientras tanto, la persecución arreciaba. Uno de los perseguidores se llamaba Saulo, y había asistido a la lapidación de Esteban. Este hombre fogoso, que "respiraba todavía amenaza y matanza contra los discípulos del Señor, se presentó al sumo sacerdote pidiéndole cartas de recomendación para Damasco, dirigidas a las sinagogas, a fin de que, si allí había algunos que siguiesen este camino, así hombres como mujeres, los llevase atados a Jerusalén" (Act 9, 1-2). Como sabemos, mientras hacía este viaje, fue milagrosamente convertido por Dios, quien lo arrojó del caballo de su soberbia. De allí pasó a Arabia, donde se recogió en la soledad y se fue disponiendo para mejor cumplir la alta vocación que le había sido revelada por el mismo Señor. Vuelto a Damasco, y amenazado de muerte por los judíos, enfurecidos ahora contra él, se escapó de noche, ayudado por los fieles. Dirigióse entonces a Jerusalén, para conversar con el jefe de los apóstoles. Allí permaneció quince días. Después se encaminó hacia Tarso, su ciudad natal, y luego a Antioquía, desde donde Bernabé lo había llamado (cf. Act 9, 1-30). Nos hemos detenido un tanto en su figura, ya que el papel de Pablo en este gran tema de la "catolicidad" de la Iglesia resulta inobviable.

III. El caso del centurión Cornelio

En estos momentos sucedió un hecho trascendental para el tema que nos ocupa. Había en la ciudad de Cesarea, en Palestina, un centurión del ejército romano llamado Cornelio. Era un hombre justo y temeroso de Dios, uno de aquellos "prosélitos de la puerta", a que anteriormente nos hemos referido. Cierto día se le apareció un ángel, quien le dijo que sus oraciones y limosnas era agradables al Señor, y que debía hacer venir a un tal

Simón Pedro, que vivía en Jope, en la casa de un curtidor, llamado también Simón. Cornelio obedeció, y envió tres hombres de su cohorte para ir en busca del apóstol:

"Al día siguiente, mientras ellos hacían su camino, y cuando se aproximaban ya a la ciudad, subió Pedro a la azotea, hacia la hora sexta, para orar. Le entró apetito y pidió de comer. Mientras le preparaban la comida, le sobrevino un éxtasis. Vio el cielo abierto y que bajaba hacia la tierra algo así como un gran lienzo, atado por las cuatro puntas. Dentro de él había toda clase de animales cuadrúpedos, reptiles de la tierra y aves del cielo. Al mismo tiempo oyó una voz que le decía: Pedro, levántate, mata y come. Pedro dijo: No haré tal cosa, Señor, pues jamás he comido nada profano e impuro. La voz le dijo de nuevo: Lo que Dios purificó, no lo llames impuro. Esto se repitió tres veces, y en seguida la cosa aquella fue elevada hacia el cielo. Mientras Pedro se afanaba por entender la visión que había tenido, los hombres que habían sido enviados por Cornelio, tras haber andado preguntando por la casa de Simón, se presentaron en la puerta. Y habiendo llamado a voces, preguntaban si se alojaba allí Simón, por sobrenombre Pedro. Como Pedro estaba embebido en el pensamiento de la visión, el Espíritu le dijo: Allí hay tres hombres que te buscan. Levántate, desciende, y vete con ellos sin vacilar, pues yo los he enviado" (Act 10, 9-20). Pedro, obediente a las indicaciones de lo alto, acompañó a los enviados hasta Cesarea. Cornelio le explicó la visión que había tenido y le señaló su disposición a escuchar lo que el Señor le había ordenado al apóstol. Entonces Pedro dijo: "Ahora comprendo que Dios no hace acepción de personas, sino que en cualquier nación el que le teme y practica la justicia le es grato" (Act 10, 34-35). Entonces ordenó que Cornelio y los suyos fueran bautizados. Los fieles de la circuncisión quedaron altamente extrañados al ver que en la Iglesia entraba un gentil que no había pasado por la Sinagoga.

La visión de Pedro resulta decisiva para la solución del punzante problema. Bajo una expresiva forma simbólica, deja en claro que la ley antigua, concretada aquí en las disposiciones veterotestamentarias que se incluyen en el libro del Levítico (cf. cap. 11), no es ya obligatoria para los cristianos y que, en consecuencia, se puede ser cristiano sin ser judío. La Iglesia no será un grupo dentro de la nación israelita, sino una comunidad universal, donde se encontrarán fraternalmente, sin distinción de razas, tanto los judíos como los gentiles que acepten la buena nueva. La misión de Israel como pueblo de Dios ha terminado, ya que ha sido relevado por la Iglesia, Israel espiritual, compuesta por todos los fieles, judíos o gentiles.

Se comprende la conmoción que han de haber experimentado los cristianos de Jerusalén ante la noticia del bautismo de Cesarea. Pedro fue interpelado y debió explicar que lo que había hecho era por orden expresa del Señor. Sus contradictores callaron. Los fieles, tranquilizados, se decían entre sí: "También a los gentiles otorgó Dios la penitencia para alcanzar la vida" (Act 11, 18).

Después de esto, pudo parecer que las dificultades terminarían, ya que la vacilación había sido zanjada por el mismo Dios. Pero ello sería desconocer la fuerza de las pasiones humanas. Aquellos cristianos judíos que ponían la adhesión a su raza por encima de la fe no renunciaron tan fácilmente a su idea de la supremacía de Israel; dicha idea, por así decirlo, se les había hecho piel. Al parecer, dejaron pasar el bautismo de Cesarea como algo excepcional, que no hacía regla. Quizás algunos hasta pusieron en duda la visión misma de Pedro, cual si éste fuese un soñador o iluminado. En todo caso, siguieron pensando como antes, en la seguridad de que no se podía ser cristiano sin haberse antes hecho judío.

IV. El incidente de Antioquía y el Concilio de Jerusalén

Así estaban las cosas, cuando llegó a Jerusalén una noticia mucho más grave que la del bautismo de una familia de gentiles. Se decía que en Antioquía, capital de Siria, que era por aquel entonces una de las ciudades más importantes de Oriente, se predicaba el Evangelio a los gentiles y sólo se les exigía el bautismo para entrar en la comunidad cristiana. Transformando en regla la excepción de Cesarea, los nuevos convertidos no pasaban por el ritual judío ni se les enseñaba la distinción entre alimentos puros e impuros.

El año 48 había vuelto Pablo a Antioquía, juntamente con Bernabé. "Una vez que llegaron, reunieron la Iglesia, y refirieron cuanto Dios había hecho con ellos, y cómo habían abierto a los gentiles la puerta de la fe" (Act 14, 27). Los gentiles de Asia, recientemente convertidos, no habían sido obligados al cumplimiento de las observancias judías, en particular, a la circuncisión. Tal era, concretamente, el caso de Tito, a quien Pablo trajo consigo. Entonces llegaron algunos de Jerusalén y comenzaron a decir que sin la circuncisión, conforme al uso de Moisés, nadie se podía salvar. El hecho de que los cristianos, que todavía eran considerados como parte de la comunidad judía, admitiesen en la Iglesia a personas aún no circuncidadas parecía ser una traición al judaísmo. Pablo y Bernabé se opusieron a dicha pretensión, con lo que se produjo un grave altercado. Mientras tanto, los nuevos fieles de la Iglesia, para independizarse más de Israel, destacando a la vez que entendían inaugurar una nueva tradición, comenzaron a emplear un nombre que no había estado jamás en uso hasta entonces. Empezaron a llamarse "cristianos". Ello sucedió precisamente en Antioquía.

El escándalo se iba haciendo mayúsculo. Los privilegios de Israel parecían quedar destrozados. Pero ahora sus defensores se topaban con Pablo, una personalidad que aún no habían conocido, el mayor genio del cristianismo naciente, un hombre recio, a veces colérico, pero lleno de caridad y de ternura. "Al cabo se decidió que Pablo y Bernabé y algunos otros de entre ellos subieran a Jerusalén, donde los apóstoles y presbíteros, para tratar esta cuestión. Ellos, pues, despedidos por la Iglesia, atravesaron la Fenicia y la Samaría refiriendo la conversión de los gentiles, y causando grande gozo a todos los hermanos" (Act 15, 2-3).

Entonces tuvo lugar una trascendental asamblea de los Apóstoles y discípulos, que los historiadores han denominado *Concilio de Jerusalén*. Se planteó la cuestión, que parecía de vida o muerte. Algunos cristianos provenientes de las filas de los fariseos defendieron la tesis de la necesidad de la circuncisión para los gentiles. Después de oír las razones de una y otra parte, se levantó Pedro y de manera categórica anunció la solución a que todos debían atenerse. No era otra que la que había sostenido Pablo y la que él mismo había resuelto a raíz de su visión de Jope. "Hermanos, vosotros sabéis que desde hace mucho Dios me escogió en medio de vosotros para que por mi boca oyesen los gentiles las palabras del Evangelio y creyesen. Y Dios, conocedor de los corazones..., ninguna diferencia hizo entre ellos y nosotros, pues purificó sus corazones con la fe" (Act 15, 7-9). Por tanto, no hay que imponer una obligación que Dios no impone. Únicamente la gracia de Cristo trae la salvación a los hombres.

Ante palabras tan contundentes del que sabían cabeza visible de la Iglesia, se cerró la discusión, máxime que a continuación Pablo y Bernabé relataron una vez más las estupendas maravillas obradas por Dios entre los gentiles. No fue menos decisivo ver a Santiago, obispo de Jerusalén, el más ortodoxo y piadoso de los judíos, hablar en el mismo sentido de Pedro, y aportar la autoridad de su prestigio a aquella innovación. Como consecuencia de este debate, el primer Concilio abrió de par en par las puertas de la Iglesia a los gentiles con esta perentoria declaración: "Ha parecido justo al Espíritu Santo y a nosotros el no imponer a los fieles otra carga que la necesaria" (Act 15, 28). Pablo y Bernabé recibieron el encargo de transmitir la decisión a Antioquía. Esta trascendente resolución señala la ruptura de la Iglesia con la comunidad judía, ruptura que se iría acentuando en los años siguientes.

El Concilio de Jerusalén había salvado al cristianismo en la primera gran tormenta de su historia. Decidiendo que la Iglesia sería católica, es decir, universal, quedó demolida la pretensión chauvinista del grupo judaizante de la primitiva Iglesia. Ya no sería lícito pensar en un Israel carnal, que a través del Mesías dominase la tierra. Lo que habían anunciado los profetas era una Iglesia espiritual, la Iglesia católica, formada por judíos y gentiles. Los extranjeros ocuparían en el banquete de bodas del hijo del rey el lugar de los miembros de familia, que se negaron a acudir. Dios haría de las piedras hijos de Abraham.

V. Pablo, el apóstol de la gentilidad

El Concilio de Jerusalén había zanjado doctrinalmente la cuestión del acceso de los gentiles a la Iglesia. Pero el nerviosismo de los medios judeocristianos no se aquietó tan fácilmente. Tras el Concilio, Pedro se dirigió a una nueva misión, recalando primero en Antioquía. Al principio compartió sucesivamente con las dos partes de la comunidad, la judeo-cristiana y la gentil-cristiana. Pero luego, para no escandalizar a los círculos aún judaizantes, se abstuvo de comer con los cristianos provenientes de la gentilidad. Al saberlo Pablo, se lo reprochó vivamente, según lo relata en su carta a los gálatas: "Cuando Cefas fue a Antioquía, me enfrenté con él cara a cara, porque era digno de reprensión. Pues antes de que viniesen algunos del grupo de Santiago, comía con los gentiles; pero una vez que aquéllos llegaron, se retraía y apartaba de ellos, por miedo a los de la circuncisión. Y los demás judíos le imitaron en la misma simulación, tanto que hasta Bernabé se dejó arrastrar por esta simulación. Pero en cuanto vi que no procedían rectamente, según la verdad del Evangelio, dije a Cefas delante de todos: Si tú, siendo judío, vives como gentil y no como judío, ¿por qué obligas a los gentiles a judaizar?" (Gal 2, 11-14). ¿Obró así Pedro por simple cobardía? No parece. Lo que pasa es que las preocupaciones de Pedro y de Pablo eran diversas. Para Pablo, que pensaba principalmente en los cristianos que venían de la gentilidad, lo esencial era librar al cristianismo de sus ataduras judías. Pedro, en cambio, que temía la defección de los judeo-cristianos, muy dependientes todavía del chauvinismo judío, y su posible retorno al judaísmo, trataba de conservarlos mostrándoles que era posible ser a la vez fiel a la fe cristiana y a la Ley judía.

Desde este momento Pablo se resigna a prescindir del judeo-cristianismo. Sólo piensa en el porvenir de la Iglesia en los ambientes griegos. Si bien tanto su formación como su origen hacían de él un perfecto judío, y por eso se declaraba orgulloso de pertenecer al pueblo elegido, "celador de las tradiciones de mis padres" (Gal 1, 14), su vocación lo inclinaría más a los gentiles. Lo preparaban para ello su nacimiento en Tarso, su cultura helénica, su ciudadanía romana, sus aptitudes filosóficas, su larga experiencia de la vida, su repentina y elocuente conversión, y sobre todo las extraordinarias gracias que le fueron comunicadas. Tal sería su vocación específica en la Iglesia primitiva: "Me ha sido confiado el evangelio de la incircuncisión, como a Pedro el de la circuncisión, pues el que infundió fuerza a Pedro para el apostolado de la circuncisión, me la infundió también a mí para el de los gentiles" (Gal 2, 7-8). Sin embargo, a fin de dejar sentado el derecho de los judíos, que eran los llamados en primer lugar, los más cercanos, comenzó siempre su ministerio predicando en las sinagogas, a las que, por lo demás, acudían muchos prosélitos de la puerta, que podían transmitir mejor a los gentiles la buena nueva. Pablo fue infatigable en el cumplimiento de su vocación de apóstol de las naciones, recorriendo Chipre, Neápolis, Macedonia, Tesalónica, Atenas, Corinto, Éfeso, Roma, España...

En el año 58 volvió a Jerusalén, sabiendo a lo que se exponía (cf. Act 20, 22). Luego de hacerle una visita a Santiago, se dirigió al Templo con cuatro conversos. Algunos judíos de Asia lo reconocieron, y acusándolo injustamente de hablar contra la Ley y de haber profanado el lugar sagrado, introduciendo en él a un grupo de gentiles, levantaron contra él una sedición. Pablo fue detenido por los romanos. Cuando supo que lo iban a azotar, hizo valer su título de ciudadano romano. Como un grupo de judíos concibió el propósito de asesinarlo, el tribuno lo envió a Cesarea, al procurador Félix. Éste, a pesar de reconocer su inocencia, lo retuvo dos años en prisión. En el 59, Félix fue reemplazado por Festo. Los judíos reclamaron que Pablo fuese llevado de nuevo a Jerusalén. Pero como éste apeló al César, Festo decidió mandarlo a Roma, donde permaneció en libertad vigilada del 61 al 63. Desde allí envió cartas a los colosenses, efesios y filipenses. Liberado en el 63, prosiguió su actividad misionera, mal visto todavía por los judeo-cristianos. En el 64, Roma fue incendiada. Nerón echó la culpa a los cristianos. La muerte de Pablo puede situarse en el 67, muy probablemente a raíz de haber sido denunciado a las autoridades romanas como sedicioso por algunos judeo-cristianos. Como se ve, Pablo fue fiel hasta el fin a su convicción "católica".

VI. El martirio de Santiago y la destrucción de Jerusalén

Durante este tiempo, las cosas se habían agravado también en Palestina. El apóstol Santiago vivía siempre en Jerusalén, como obispo de esa ciudad, haciendo todo lo posible por ablandar los corazones de los judíos endurecidos y ganarlos para el Evangelio. Su admirable espíritu de sacrificio, que no podía ser criticado ni aun desde el punto de vista de las prácticas más rigoristas del judaísmo, así como su gran santidad, infundían respeto hasta en los judíos más enconados contra él. Lo llamaban "el Justo", y era realmente ejemplar para los judeo-cristianos. Escribió una espléndida epístola a "las doce tribus de la dispersión", según se expresa en el comienzo de la misma, es decir, a los judeo-cristianos que vivían fuera de Palestina. El delito tremendo con que su pueblo se había manchado rechazando al Mesías esperado, lo llevaba a pedir por él sin descanso. Aunque cristiano hasta la médula, era un verdadero israelita, que hundía las raíces de su piedad en las formas cultuales del Antiguo Testamento, asumiendo la herencia de la antigua alianza hasta el límite de lo posible.

Por desgracia, la protervia de los jefes del pueblo judío iba a revelarse en toda su profundidad cuando Santiago fuese condenado a muerte en la misma Jerusalén que tanto amaba. Ello sucedió el año 62. Anás, sumo sacerdote, hijo de aquel bajo el que había sido crucificado Jesús, ordenó detenerlo, y haciéndolo comparecer ante el Sanedrín, le ordenó que renegase de Cristo. "Jesús está sentado a la diestra de Dios Padre, y vendrá entre las nubes del cielo", dijo por toda respuesta, lo que exasperó los ánimos de sus jueces. Conducido entonces al pináculo del Templo, fue desde allí precipitado. Al ver que no había muerto, lo lapidaron en el lugar donde cayó. Como conservase todavía un resto de vida y rogase por sus verdugos, uno de los presentes lo ultimó, dándole un mazazo en la cabeza.

Cuatro años después, cayó sobre Israel un terrible castigo. Exasperados por la avidez y crueldad de dos Procuradores romanos sucesivos, Albino (62-64) y Floro (64-66), y fanatizados por los zelotes, los judíos se sublevaron. Ardió la Torre Antonia, residencia de los jefes romanos, así como el palacio de Herodes, y varias guarniciones romanas fueron atacadas en diversos lugares de Palestina. A las represalias romanas sucedieron nuevos ataques de los judíos. Por su parte, la situación de los cristianos de Jerusalén, después del martirio de su obispo Santiago, se tornaba cada vez más grave. Los judíos estrictos seguían creyendo que el mosaísmo debía durar para siempre, e incluso muchos judeo-cristianos no acababan de aceptar el carácter transitorio de la Ley. Fue precisa toda la fuerza de los acontecimientos para producir la total separación entre cristianos y judíos.

El año 66, el combate de los judíos contra los romanos se enardeció. Para sofocar la sedición, el legado de Siria llegó por la costa con doce legiones, y penetró hasta los muros de Jerusalén, siendo finalmente repelido. La comunidad cristiana optó entonces por retirarse a Pella, en Transjordania, lo cual equivalía a acabar de desolidarizarse del destino nacional de Israel. En el 67, Nerón envió al general Vespasiano con sesenta mil hombres. Pero tampoco logró doblegar a los rebeldes. El gesto de los cristianos de abandonar Jerusalén, al que acabamos de aludir, señaló más que ningún otro, la ruptura definitiva de la Iglesia con el judaísmo. La comunidad de Jerusalén había intentado hasta el final mantener contacto con los judíos y trabajar por su conversión a Cristo, obteniendo como único resultado la persecución. El año 70, Tito, hijo del emperador Vespasiano, se apoderó de Jerusalén y a pesar de las buenas disposiciones que lo caracterizaban, sus soldados masacraron a la población judía y destruyeron el Templo a ras de tierra.

La ruina del Templo, preanunciada ya por Cristo, fue también para los cristianos un acontecimiento preñado de significación. En adelante la observancia de los ritos judíos en su lugar sagrado por excelencia, se había vuelto imposible. No solamente el sacrificio sino también el sacerdocio de Aarón quedaban abolidos. La Iglesia se sintió entonces más libre que nunca de los vínculos que la ligaron a la Sinagoga, lo que resultó decididamente favorecido por el número creciente de los gentiles que se convertían al cristianismo.

Algunos hechos posteriores acabaron por sellar este divorcio. Cuando a comienzos del siglo II, el emperador Adriano, que era un gran constructor, decidió reedificar Jerusalén, hasta entonces simple guarnición, bajo el nombre de *Aelia Capitolina*, levantó allí una ciudad romana. Los lugares santos no sólo para los judíos sino también para los cristianos, fueron deshonrados con las estatuas de Júpiter, y según parece, de Venus, esta última sobre el Calvario. Los restos del pueblo judío, no pudiendo soportar tamaño ultraje, se rebelaron a las órdenes de un pseudo-Mesías llamado Bar-Cochba. Durante tres años reinó el terror, no sólo contra Roma, sino también contra los cristianos que, según afirma Justino, "padecían el último suplicio si se negaban a renegar de Cristo y a insultarlo". Por fin las legiones restablecieron el orden. No se permitió en adelante a los judíos, bajo pena de muerte, aproximarse a Jerusalén, salvo una vez cada cuatro años, en el aniversario de la ruina del Templo, donde se les dio permiso para que viniesen a llorar, como todavía los vemos hacer hoy, junto al célebre "muro de los lamentos", única parte supérstite de la vieja construcción.

* * *

Tal fue la primera encrucijada de la historia que la Iglesia tuvo que afrontar. Hoy estamos acostumbrados, según lo señalamos al comienzo, a pensar que el catolicismo no es la religión de una raza determinada o de un estamento de la sociedad, sino la religión del género humano. Pero el reconocimiento de dicha verdad no resultó nada fácil. Por un momento, el naciente cristianismo corrió el peligro de enquistarse en el ámbito judío. Fue un peligro real, una verdadera tormenta que sacudió a la Iglesia primitiva. Sin la ayuda de Dios, si hubiera sido una sociedad meramente humana, su significación se hubiese visto sustancialmente tergiversada. El hecho es que Dios suscitó algunas figuras claves, especialmente la de San Pablo, para ensanchar la visión restringida de no pocos cristianos a la magnífica cosmovisión de la catolicidad. La Iglesia brotó, sí, históricamente de Israel. Tanto los personajes del Antiguo Testamento, como los hechos de la historia salvífica y las instituciones que

Dios estableció, tenían por fin ir preparando al pueblo para la llegada del Mesías y de la Iglesia por Él fundada. En este sentido se debe entender aquello que Cristo le dijo a la samaritana: "La salvación viene de los judíos" (Jn 4, 22). Pero el cristianismo no es la religión de una Iglesia nacional ni racial. Es la religión de la Iglesia universal, la católica. Bien escribiría luego San Ignacio de Antioquía: "Resulta absurdo anunciar a Cristo y judaizar, porque el cristianismo no creyó en el judaísmo, sino el judaísmo en el cristianismo." Con esta separación, que no dejó de ser traumática, la nave de Pedro cortó las amarras que la tenían adherida al puerto y se hizo a la mar. Allí le esperaban nuevas tormentas, pero también pescas milagrosas.

LAS PERSECUCIONES DEL IMPERIO ROMANO

TERMINAMOS la conferencia anterior refiriéndonos a la estadía de Pedro y de Pablo en Roma, y su ulterior martirio. El presente tema nos cambia de escenario. El centro principal de interés no es ya la tierra donde nació Jesús, sino la gran ciudad de los "gentiles", la capital del Imperio Romano. No Jerusalén sino Roma.

I. El *Imperium Romanum*

Durante los primeros siglos de nuestra era, el mundo civilizado giraba en torno al mar Mediterráneo, sobre la base de una realidad política omnipresente, el Imperio Romano. Era el único gran Imperio de Occidente, inmenso e invencible, Imperio indestructible, que jamás sería relevado, según entonces se pensaba. Se extendía ampliamente hacia el Oriente. El Asia Menor le servía de bastión frente a la amenaza de los partos, pueblo iránico que habitaba el sur del mar Caspio, con dos flechas en esa dirección, el protectorado de Armenia y la actual Crimea. Siria y Palestina unían ese bloque al Egipto y todas las provincias del norte de África. Por el Occidente llegaba hasta Hispania, Galia y Britania. Cuando triunfó sobre Cartago, su último enemigo digno de respeto, pudo considerar el Mediterráneo como *mare nostrum*. Los pueblos vencidos ya no soñaron más con su autodeterminación. Ahora veían al Imperio como único marco político y única norma de civilización. La misma expresión *Imperium Romanum* evocaba una imagen de señorío y estabilidad.

Los dos primeros siglos de nuestra era fueron para Roma su edad de oro. Los esfuerzos y sacrificios de numerosas generaciones llevaron a la sociedad a un punto de perfección humanamente insuperable, donde encontraron su realización las mejores posibilidades de la raza. Quien encarnó el ápice de dicho proyecto fue un hombre genial, Octavio, hijo adoptivo de César, quien dejando las antiguas formas de la República, instauraría el Imperio, bajo el nombre de Augusto. Un historiador que le fue contemporáneo dijo de él: "No hay nada de lo que los hombres pueden pedir a los dioses, que Augusto no haya procurado al pueblo romano y al universo."

El régimen de gobierno así establecido duró desde el año 31 a. C. hasta el 192. Tres dinastías se sucedieron en el poder durante aquellos años. La primera fue la de los Claudios, parientes de Augusto, que provenían de la alta aristocracia romana. Si bien no contó con hombres demasiado notables –incluso hubo entre ellos dos locos, Calígula y Nerón–, el mecanismo montado por Augusto era tan sólido, que funcionó perfectamente hasta el año 69. Luego asumió el gobierno la pequeña burguesía italiana. Eran los llamados Flavios, con Vespasiano, Tito y Domiciano, que aportaron sus innatas cualidades de orden y una admirable capacidad para realizar grandes obras públicas. Por fin, del 96 al 192, la dinastía de los Antoninos, brotada del elemento italiano provincializado, con personalidades notables como Trajano, Adriano, Antonino y Marco Aurelio, que gozaron de manifiesta autoridad en el pueblo.

Por cierto que en estos dos primeros siglos hubo también convulsiones, pero que no superaron el marco de los tumultos palaciegos. El resto del pueblo apenas si se enteraba de ello. Entonces no había, como ahora, medios masivos de comunicación. Por lo demás, las administraciones locales gozaban de gran autonomía. El gobierno imperial no interfería en esas esferas de gobierno, con tal de que se respetase el orden general.

Reinaba por doquier la *Pax romana*. Grandes ciudades, como Alejandría, Esmirna y Éfeso, en Oriente; Tesalónica y Corinto, en Grecia; Marsella, Arlès, Tarragona y Cádiz, en el Occidente, gozaban de pujante prosperidad. Una magnífica red de caminos, planeada desde el poder central, unía los puntos principales del Imperio, Roma, Tarragona, Narbona, Bizancio, Cartago... No hubo Emperador que dejase de perfeccionar ese gran emprendimiento. Admirables rutas, elegantes, enlosadas, atravesaban llanuras y montañas. También el mar era surcado por las naves del Imperio. Primero los romanos acabaron con la piratería y luego navegaron el Mediterráneo en todas direcciones. Las compañías de navegación tenían oficinas en las grandes ciudades, y sobre todo en los principales puertos, como todavía hoy se puede observar en los restos romanos de Ostia, el antiguo desembarcadero de Roma.

El fin del Imperio al establecer esa red de comunicaciones fue primariamente político y económico, ya que por su medio llegaban a todas partes las órdenes del Emperador y a Roma los informes de los administradores locales, así como los diversos productos del Imperio, el trigo de Sicilia y Egipto, los metales de España, las maderas de Fenicia, las pieles de Galia, los perfumes de los países árabes. Pero el intercambio que las rutas hacían posible fue también cultural, desde Roma hacia afuera, y desde afuera hacia Roma. Hasta el siglo III, la lengua que se hablaba en el Imperio era la griega. Después se introdujo el latín. Si bien las lenguas regionales no desaparecieron, el idioma de la cultura era común al conjunto del Imperio. La consolidación cultural se logró cuando el pensamiento helénico fecundó el genio latino, produciéndose esa síntesis grecorromana de la que salió nuestra civilización.

Destaquemos el protagonismo de la ciudad de *Roma*. En tiempos de Cristo llevaba ya ochocientos años de existencia, y había sido, tanto en la época de los primeros reyes, como en los años de la República, desde el 530 al 31 a. C., y finalmente en los días del Imperio, la capital indiscutida del Estado romano. No sólo fue la ciudad que dio nombre a la civilización por ella creada, sino también su corazón y su cerebro. En los primeros siglos del Imperio tenía cerca de un millón de habitantes. La antigua ciudad de construcciones de ladrillo se había convertido en una metrópoli que suscitaba la admiración de todos. El piso de sus casas nobiliarias estaba ornado de artísticos mosaicos, y las paredes, recubiertas de espejos. Pero el lujo de las moradas particulares no era nada en comparación con la suntuosidad y magnificencia de los palacios imperiales. Roma era más que esa ciudad que se asienta sobre el Tíber. Roma era el espíritu romano.

Fue principalmente el emperador Augusto quien impulsó una profunda restauración religiosa, con la que quiso completar su gran obra de reconstrucción política. Cuando reedificaba los templos, cuando volvía a erigir altares, cuando reanudaba, con extraordinaria fastuosidad, la celebración de los llamados "juegos seculares", mediante los cuales se quería conmemorar la fundación divina de la ciudad, lo que buscaba era que las bases de su poder se asentasen en tradiciones venerables. Varios de sus sucesores trabajaron en el mismo sentido.

Sin embargo también había sombras en el Imperio, que si a lo mejor no las percibían los contemporáneos, resultan bien claras para el historiador. No se trataba aún de decadencia, pero ya desde fines del siglo II el Imperio empezó a agrietarse. Señalemos algunos de esos síntomas negativos, que se fueron agravando con el paso de los años.

Las incesantes conquistas de nuevos territorios, por ejemplo, acrecentaron considerablemente las riquezas, por lo que muchos de los nuevos ricos comenzaron a vivir en el boato y la vacuidad. Los esclavos se multiplicaron, sobre todo en Roma, al punto de que numerosos ciudadanos por ellos suplidos, dejasen de trabajar, y se volcasen a diversiones superficiales, como los juegos de circo y las bacanales. Por otro lado, la familia estaba herida. El divorcio se tornó corriente, y la natalidad disminuía de manera alarmante. Finalmente se abandonó a los niños, mientras aumentaba el número de abortos. Se comía y bebía hasta el hartazgo, recurriéndose a ese medio repugnante de vaciar artificialmente el estómago, para poder seguir comiendo sin límites. "Hemos llegado –decía Tito Livio– a un punto en que ya no podemos soportar nuestros vicios ni los remedios que los podrían curar."

La causa más profunda de dicha decadencia residía en la indiferencia o frialdad religiosa, que a pesar de los esfuerzos del gobierno imperial se iba apoderando de los romanos. Su creencia en Dios no traía consigo ningún compromiso personal. Las prácticas religiosas, que se reducían al cumplimiento externo de los ritos públicos, tenían cada vez menos influencia en su vida. El culto oficial era demasiado frío, demasiado formal. Por eso los mejores romanos, que aspiraban a cierta vida interior, recurrían a otros cultos, especialmente orientales, que hablaban de salvación, de progreso espiritual y hasta de algo semejante a la mística. El número de los dioses que en Roma eran adorados iba en aumento con la aceptación de las divinidades de los países conquistados y las supersticiones anejas. Pronto la diosa Isis, que buscaba el cuerpo de Osiris, contó con millares de seguidores. Asimismo Mitra, que se veneraba en Persia, donde lo descubrieron los ejércitos destacados en Oriente, fue muy venerado en todo el Imperio, al punto de que numerosos romanos ponían su esperanza en la sangre del toro que sacrificó aquel dios. Las religiones orientales ofrecían lo que llamaban "misterios de salvación", en los cuales había que iniciarse. Estaban los misterios de Eleusis, de Dyonisos, de Baco, y varios más. De los primeros había dicho Cicerón, su adepto, que "procuraban una vida feliz y permitían morir con una bella esperanza". Eso era lo que la mayoría de los romanos buscaban en las religiones orientales.

Durante el siglo III se extendió mucho el sincretismo religioso. Prueba de ello fue la erección del *Panteón*, aquel edificio que Roma destinó al culto de todos los dioses. Todos ellos tenían su lugar en el Imperio. Roma los aceptaba sin reticencias. Sólo con el cristianismo no le sería posible obrar así, ya que éste siempre se negó a ser confundido con los demás cultos o agregado a ellos, como si fuera una religión más y no la única verdadera.

II. La serie de persecuciones

Así era el mundo de los "gentiles", entre los que se insertó la Iglesia, cumpliendo su vocación de "ir a todas las naciones, predicando y bautizando". Un bloque histórico, lleno de majestad y de poder, con grietas preocupantes, por cierto, pero que no alcanzaban a empañar la impresión señorial de un Imperio indiscutido e indiscutible. Si se piensa en la pequeñez de la naciente Iglesia, un granito de mostaza, frente a este coloso formidable, parece absurdo imaginar que un conflicto entre ambos pudiera haber tenido otro final que el aniquilamiento del cristianismo. En el combate entre David y Goliat todas las probabilidades parecían estar del lado del gigante.

Recorramos brevemente, sin ánimo exhaustivo, según las circunstancias lo exigen, los datos más relevantes de las famosas persecuciones romanas que jalonaron los tres primeros siglos.

1. El siglo primero

Durante las primeras décadas de nuestra era, la Iglesia no constituía una realidad sociológica de suficiente entidad como para plantear problemas al Imperio Romano. La primera vez que sus funcionarios tuvieron que ocuparse de los cristianos fue con motivo de la cuestión judía. Ya hemos aludido en la conferencia anterior a esos primeros contactos. El título de "cristianos" que hacia el año 42 se les dio a los discípulos de Cristo, parece un apelativo de procedencia romana. En el 45, Pablo se entrevista en Chipre con el procurador Sergio Paulo. El historiador romano Cayo Suetonio menciona la presencia de cristianos en la comunidad judía de Roma, el año 49, considerándolos quizás como una secta del judaísmo. En el 59, cuando el procurador Festo quiso enviar a Pablo a Jerusalén para que se defendiera ante el Sanedrín, el Apóstol le dijo: "Estoy ante el tribunal del César, que es donde debo ser juzgado", a lo que Festo respondió: "Has apelado al César, al César irás" (Act 25, 9-12). En todo esto no aparece ninguna hostilidad frente a los cristianos por parte de los funcionarios romanos.

Pero, según lo hemos señalado antes, la naturaleza misma del cristianismo trajo consigo un cambio radical de actitudes. Si los cristianos se hubiesen contentado, como los cultores de las demás religiones, con vivir tranquilamente practicando en privado la doctrina de Cristo, como una opción más en la sociedad, una opción entre otras, seguramente no hubiera sucedido nada. Pero era otra cosa lo que buscaban, en el convencimiento de ser la única religión verdadera, y de que los dioses paganos eran falsos, al igual que el culto que sostenía el Estado romano. Más aún, se dedicaban a un apostolado activo, de modo que las enseñanzas de Cristo iban llegando a conocimiento de muchos, y penetrando poco a poco en la sociedad. A raíz de ello se fue formando un ambiente poco propicio respecto de los cristianos, un estado de rechazo y abierta antipatía, constantemente en aumento. Pronto se los llegó a presentar como ateos, es decir, personas que no adoraban a los dioses del Estado y hasta les negaban el derecho de existir. De ahí se derivaban otras acusaciones y hasta calumnias, como la de ser hombres sin conciencia, capaces de los más horrendos crímenes, precisamente porque no tenían el freno del culto de los dioses.

Las muestras de este clima anticristiano son abundantes. Cornelio Tácito, conocido historiador romano del siglo I y comienzos del II, no sólo designa al cristianismo como una "superstición funesta, que iba cundiendo en Roma, adonde confluye todo lo perverso y vergonzoso", sino que caracteriza a los cristianos como si fuesen el desecho de la humanidad. Tertuliano, el más fogoso de los defensores del cristianismo, en un pasaje de su *Apología* se ve forzado a probar que los cristianos tienen la misma naturaleza que los demás hombres. Hasta ese punto habían llegado los prejuicios. Tal sería el ambiente que preludió las persecuciones.

A la animadversión de los paganos se sumó en estos primeros tiempos la inquina de los judíos contra el cristianismo. Fueron ellos los elementos más activos en fomentar el clima de odio contra los que consideraban como suplantadores de la ley mosaica. Además, al darse cuenta de que muchos los confundían con los cristianos, mostraron especial interés en tomar la debida distancia, para lo cual no vacilaron en azuzar al pueblo romano contra ellos. ¿Acaso no habían hecho así cuando presionaron para que Pilato procediera contra Cristo?

Por lo demás, los cristianos eran generalmente considerados como personas extrañas, marginales, no integrados en la sociedad romana. Jamás los encontraban en ningún sacrificio idolátrico, ni se hacían presentes cuantas veces había que rendir honores divinos al Emperador; sistemáticamente rehuían todo cargo u ocupación que tuviese algo que ver con el culto de las divinidades o del Emperador. También se advertía su ausencia en las fiestas licenciosas. Poco a poco corrieron rumores de que esas personas tan singulares tenían reuniones nocturnas, donde celebraban un sacrificio esotérico. Hablaban confusamente de sangre, de alguien que había muerto clavado en una cruz, del que recibían su nombre ellos mismos. En un principio se creyó, según lo acabamos de señalar, que se trataba de una nueva secta de judíos. Pero en cuanto éstos tuvieron noticia de semejante rumor, protestaron airadamente, afirmando que nada tenían que ver con aquella gente.

Los paganos percibían cada vez más claramente el abismo que los separaba de los cristianos. La doctrina de éstos era incompatible con algunas costumbres de los romanos. Enseñaban, por ejemplo, que había que perdonar al enemigo, tratar a los esclavos como a personas dignas de respeto, y tantas otras cosas. Verdaderamente, pensaban, eso era trastocar el orden existente, hacer añicos la organización estatal y destruir la unidad del Imperio.

El punto más irritante lo constituía la irreductible oposición de los cristianos al culto imperial. Dicho culto se había hecho piel en el pueblo romano, como lo demuestran algunas inscripciones que de esa época se conservan, por ejemplo las siguientes: "La Providencia nos ha enviado a Augusto como Salvador, para detener la guerra y ordenarlo todo; el día de su nacimiento fue para el mundo el principio de la Buena Nueva"; y también: "La naturaleza eterna ha colmado sus beneficios para con los hombres al concederles, bien supremo, a César Augusto, padre de su propia patria, a la diosa Roma, y a Zeus paternal, Salvador del género humano." El Imperio Romano era el fruto de un designio divino, de un poder supremo que decide el destino de los hombres, y estaba dentro de la psicología pagana el divinizarlo.

Justamente cuando el Imperio entraba en su edad de oro, se impuso la religión imperial, el culto a Roma y Augusto. Es cierto que la expresión "diosa Roma" se usaba ya desde hacía mucho tiempo, pero los primeros hombres del Imperio la entendían en un sentido bastante teórico. Fue del Oriente, conquistado por las legiones romanas, de donde llegó la idea que llevó a los altares el poder providencial de Roma, encarnado en el que la regía. Así entendían el señorío los Faraones de Egipto. De este modo, el culto del Emperador se fue imponiendo en todos los rincones del mundo sometido. Ya a César se le habían rendido en vida honores casi divinos, bajo el nombre de Júpiter Julio, de donde proviene el nombre de nuestro mes de julio. Lo mismo sucedió con Augusto, quien permitió que le fuesen consagrados templos y altares en varias provincias; y después de su muerte, el Senado lo reconoció como dios, lo que recuerda nuestro mes de agosto. El culto imperial se desarrolló así ampliamente durante los dos primeros siglos, alentado por todos los Emperadores, algunos con recato y casi a pesar suyo, otros de manera desembozada y complaciente. Recordemos que para los hombres de la ciudad antigua, se era ciudadano en la misma medida en que se participaba en el culto cívico. Dicha tesitura no fue, pues, el fruto de una astuta maniobra política, sino algo plenamente aceptado, hasta con gratitud, por todos los pueblos sometidos a Roma. En este sentido, la "lealtad" que los súbditos debían al Emperador no era un gesto meramente político sino propiamente religioso. Por eso a nadie le molestaba que para acentuar tal idea la *Urbs* se volviese cada vez más lujosa, y el Palatino, lugar donde moraban los Emperadores, se cubriese de palacios más ricos que los mismos templos. Aquel hombre providencial que allí mismo vivía encarnaba el máximo ideal de la romanidad bajo una forma verdaderamente mística. El alma del mundo romano se exaltaba en la fiesta de la *Apoteosis*, como se llamaba la ceremonia en que se decía que el genio del Emperador que acababa de morir era transportado por un águila al cielo de los dioses.

Esta concepción político-religiosa encierra no poco de nobleza, máxime si se la compara con la del liberalismo actualmente en vigor. También la Edad Media vería en el monarca al vicario de Dios en el orden temporal, un ser sagrado, pontifical. Pero tal como se dio en el mundo romano constituyó el motivo profundo, la causa teológica de la trágica lucha por la que el Imperio se enfrentaría con la Cruz durante los primeros siglos. Una religión identificada con el orden inmanentista y con la felicidad material no era la que Cristo vino a traer al mundo. Esa ciudad no era la ciudad de Dios. El culto de Roma y Augusto erigía la idolatría en ley del Estado. Era dar al César lo que es de Dios. De este modo, a pesar de todo lo bueno que

Roma ofreció al Evangelio, según luego lo señalaremos, la Iglesia sólo podría cumplir su destino a través de un choque violento con el Imperio.

Las primeras medidas contra los cristianos se tomaron durante el reinado de *Nerón*. Tácito nos ofrece una puntual relación de los sucesos. El 19 de julio del 64, nos relata, se declaró en Roma un incendio espantoso. Los incendios eran frecuentes en Roma, ya que muchas casas de esa ciudad superpoblada, sobre todo en los suburbios, eran de madera. En esta ocasión, estalló en el barrio del Circo Máximo, en que había numerosos comercios, especialmente de productos comestibles, desde donde se extendió pronto a toda la región que rodeaba al Palatino y el Celio. Las llamas avanzaban por las calles, mientras la gente huía despavorida. El drama duró no menos de seis días y seis noches. ¿Cuál fue la causa de tan voraz incendio? Según algunos, un mero accidente. Se habló también de una posible operación de urbanismo, en orden a barrer con la parte pobre de la capital, de modo que luego pudiese ser convenientemente reedificada. Sea lo que fuere, la gente buscó un responsable.

Nerón ya había dado pruebas de ser un gobernante brutal y sangriento. En cierta ocasión obligó a su mismo preceptor, que era nada menos que Séneca, a cortarse las venas; otra vez hizo envenenar en el comedor familiar a su hermano Británico; llegó incluso a matar a puntapiés a su mujer, Sabina Popea, e hizo asesinar a su misma madre, Agripina. A raíz de tantos crímenes, pronto empezaron a difundirse rumores de que el incendio era un misterioso castigo atraído sobre Roma por los delitos de Nerón. Otros llegaron a asegurar que habían visto a los sirvientes del Emperador recorriendo los barrios bajos de la ciudad, con antorchas en las manos. Recordaron entonces que, en cierta ocasión, oyendo a Eurípides citar un verso griego donde se decía: "Una vez muerto yo, ¡que arda la tierra!", Nerón había comentado en la misma lengua: "¡Que sea en vida mía!" Al saber que corrían aquellas versiones, el Emperador se alarmó y buscó un chivo emisario: los cristianos. El relato de Tácito es el siguiente: "Para acallar los rumores sobre el incendio de Roma, Nerón señaló como culpables a unos individuos odiosos por sus abominaciones, a los que el vulgo llama cristianos. Este nombre les venía de Chrestos, el cual, durante el reinado de Tiberio, fue condenado al suplicio por el procurador Poncio Pilato. Reprimida, de momento, aquella execrable superstición desbordaba de nuevo, no sólo en Judea, cuna de tal calamidad, sino en Roma, adonde afluye de todas partes toda atrocidad o infamia conocida. Fueron detenidos primero los que confesaban su fe; luego, por indicación suya, otros muchos, acusados no tanto de haber incendiado la ciudad cuanto de odio contra el género humano."

Destaquemos la alusión a Pilato, que no deja de ser interesante desde el punto de vista de las relaciones del Imperio con los cristianos. Pero lo más importante es el motivo de la imputación: "el odio contra el género humano". Ya hemos señalado cómo se acusaba a los cristianos de costumbres depravadas. Se ha dicho que muy verosímilmente tuvo su parte en esta inculpación el odio de los judíos. De hecho, cuando los cristianos fueron detenidos, se los diferenció perfectamente de ellos. Se ha hablado también de las simpatías judaizantes de Popea, la segunda esposa de Nerón.

Comenzaron entonces las redadas. A la Iglesia esta situación la tomó enteramente de sorpresa, no habiendo podido preparar a los suyos para tales circunstancias. El hecho es que se llenaron de cristianos las prisiones. Los detenidos fueron torturados, y no pocos de ellos decapitados o crucificados en el circo de Nerón, que se encontraba entonces en el actual emplazamiento de la basílica de San Pedro. Tácito nos refiere que muchos fueron envueltos en pieles de animales, para ser luego utilizados como presas de caza o acabasen despedazados por las fieras. A otros los convirtieron en teas vivas y los pusieron como antorchas para iluminar por la noche las calles de Roma. Se cuenta que Nerón, disfrazado de auriga, recorría en su coche esas avenidas, gozándose con el espectáculo. Fue un horror inolvidable.

Al día siguiente de esta tragedia, Pedro escribió una carta a las comunidades de Asia, en nombre de la Iglesia "que está en Babilonia" (1 Pe 5, 13), es decir, en Roma, vuelta Babel. Él mismo moriría poco después crucificado, y unos meses más tarde, su compañero Pablo.

Tal fue la primera persecución, el año 64. Podríase decir que desde entonces hasta el año 314 no hubo en adelante un solo día donde la Iglesia no se sintiese amenazada por el poder romano, si bien con alternancias, ya que tantos fueron los períodos sangrientos como los de bonanza, más o menos espaciados.

Los sucesores de Nerón, los emperadores Galba, Vespasiano y Tito, no molestaron a los cristianos. Pero al subir al poder *Domiciano*, quien gobernaría del 81 al 96, estalló la segunda persecución. Este Emperador, que poseía notables cualidades, inteligencia, laboriosidad, sentido de la realidad, era soberbio y pretencioso, haciéndose llamar "señor y dios Domiciano". Habiendo oído que aún vivían en Palestina algunos parientes de la madre de Cristo, ordenó que los trajesen a Roma. El escritor Hegesipo, del siglo II, nos cuenta cómo fue el interrogatorio. "Domiciano les preguntó si descendían de David. Contestaron que sí. Preguntóles luego por la extensión de sus posesiones y la magnitud de sus riquezas." Ellos le respondieron que tenían algún dinero, pero puesto en un pequeño campo que trabajaban con sus manos. Luego se interesó por saber quién era Cristo y dónde aspiraba a reinar. Quizás tenía temor de un posible rival. Le contestaron que su reino no era de este mundo, sino más bien espiritual; que sólo al fin de los tiempos aparecería en gloria y majestad, para juzgar a vivos y muertos, y dar a cada uno según sus méritos. Tales informaciones no podían preocuparle, de modo que despreciándolos como gente vulgar, los hizo dejar en libertad.

En Roma, la persecución arreció, al punto de alcanzar a algunos parientes del Emperador, condenados a muerte por "ateísmo". A su propia mujer, Flavia Domitila, el Emperador ordenó que la desterrasen a la isla Poncia. La persecución fue muy violenta, con procedimientos parecidos a los de Nerón, y se extendió a otros lugares del Imperio, especialmente al Asia Menor. Fue en esa ocasión cuando el apóstol Juan fue desterrado de Éfeso a la isla de Patmos, donde escribió el Apocalipsis. A raíz de estos acontecimientos, se comenzó a notar un cambio de actitud en los cristianos. Anteriormente Pablo les había recomendado que no se dejasen arrastrar por los judíos en su oposición a Roma. De ahí sus repetidas exhortaciones a someterse al poder imperial. Pero ahora la situación era distinta. A partir de Nerón, el Imperio comenzó a ser considerado como perseguidor de la Iglesia. En el Apocalipsis, Juan lo describe bajo el símbolo de la bestia que sube del mar, con explícitas alusiones al culto imperial. Al emperador Domiciano, que exigía ser llamado Señor, *Dominus*, le responde que hay un solo Señor, *tu solus Dominus*, Jesucristo. El autor del cuarto evangelio, que según la tradición fue sumergido en una vasija de aceite hirviendo, escribió el Apocalipsis bajo la emoción que el espectáculo de los mártires estaba suscitando en él.

El número de los cristianos se había ido acrecentando considerablemente, y en consecuencia también la hostilidad popular había crecido, fogoneada por muchas acusaciones falsas y calumnias de todo tipo. A los paganos les resultaba chocante la austeridad en el modo de vivir de los fieles; su condena, al menos implícita, de las inmoralidades de la sociedad romana; sus misteriosas reuniones clandestinas; su menosprecio de las riquezas; sus extrañas comidas "canibalescas"... Se decía que adoraban a un dios con cabeza de asno. No hace mucho se descubrió en dependencias del Palatino un precioso grafito, grabado con estilete en el yeso de un cuarto, que representa justamente a un hombre saludando a un asno crucificado, acompañado de esta leyenda: "Alexamenos adora a su dios". Por lo demás, los cristianos tenían la culpa de todos los males. Como escribiría Tertuliano, si el Tíber se desborda o el Nilo no riega los campos, si el cielo está nublado, si la tierra tiembla, si hay hambre, guerra, o peste, enseguida gritaban los paganos: "¡A los leones los cristianos! ¡Mueran los cristianos!"

2. El siglo segundo

Durante el siglo II se sucedieron las persecuciones, algunas muy sangrientas, otras más apacibles, con mayor o menor número de víctimas. Ello se debió a que el poder romano no contaba con normas fijas sobre las que fundamentarlas y justificarlas legalmente. Como acabamos de insinuar, con frecuencia influían en su desenvolvimiento las multitudes, echando fácilmente la culpa de los males a los cristianos. En esta época ocupó el poder la dinastía de los Antoninos. Con el primero de ellos, el emperador Nerva, Juan pudo regresar de Patmos y volver a establecerse en Éfeso. A Nerva lo sucedió *Trajano*, quien gobernaría desde el 98 hasta el 117. El nuevo Emperador, nacido en la provincia romana de Hispania, fue un verdadero estadista, una de las personalidades más notables que hayan ocupado el trono imperial. Todo conspiraba para ello: la armonía de sus rasgos, la nobleza de su actitud, su clara inteligencia, su concentración al trabajo, la sencillez de sus costumbres. Tanto que en tiempos ulteriores se saludaría a los Emperadores con la siguiente fórmula: "Que seas más dichoso que Augusto y mejor que Trajano." Tal fue su prestigio que hasta en la Edad Media se inventó una leyenda sobre su persona, contándose que el papa Gregorio había obtenido de Dios que acogiera en el cielo el alma del gran Emperador.

De los tiempos de Trajano nos ha llegado un relato de gran importancia para nuestro tema. He aquí que en una región del Asia Menor llamada Bitinia fue designado un nuevo gobernador romano. Se llamaba Plinio. Era un verdadero aristócrata, nacido en Italia, junto al lago de Como. Trajano le había dado la orden de prohibir en el territorio de su jurisdicción toda asociación que no estuviese reconocida oficialmente. Cuando se abocó a cumplimentar el mandato, el gobernador comprobó que en su provincia, tanto en las ciudades como en el campo, había grupos numerosos de personas, de toda condición y estado, que se llamaban cristianos, y que, haciendo caso omiso del mandato imperial, seguían celebrando sus reuniones. Al ser delatados, se vio Plinio en la obligación de imponer sanciones. Como no tenía experiencia en este tipo de procesos, al principio citaba a los acusados, les preguntaba si efectivamente eran cristianos, y cuando, interrogados dos o tres veces, y aun amenazados de muerte, no renunciaban al cristianismo, los mandaba ejecutar.

Pero tenía sus dudas. ¿Obraba bien comportándose así con esa gente tan extraña? Entonces dirigió al Emperador un informe sobre el modo como se conducía, al tiempo que pedía instrucciones concretas para el caso. Por lo demás, trataba de predisponer al Emperador a la clemencia, asegurándole que en general se iba incrementando de nuevo el culto a los dioses, y que si se aceptaba la posibilidad del arrepentimiento, podría contarse con el retorno de muchos cristianos. He aquí la respuesta del Emperador: "Has seguido el procedimiento que debías en el despacho de las causas de los cristianos que te han sido delatados. Efectivamente, no puede establecerse una norma general que haya de tenerse como fija. No se los debe buscar. Si son delatados y quedan convictos, deben ser castigados; de modo, sin embargo, que quien negare ser cristiano y lo ponga de manifiesto en obra, es decir, rindiendo culto a nuestros dioses, por más que ofrezca sospechas por lo pasado, debe alcanzar perdón, en gracia a su arrepentimiento. Pero las delaciones que se presenten sin firma no se admitirán en ningún caso, pues es cosa de pésimo ejemplo e impropia de nuestro tiempo."

Tal fue la jurisprudencia que perduraría durante todo el siglo. Como se ve, no hay ninguna proscripción oficial de los cristianos emanada del poder central, ni, por tanto, ninguna persecución de conjunto. Pero sí persecuciones locales, dependientes del magistrado romano de la zona. Además, el motivo de la acusación no radica en crímenes concretos, sino sólo en el hecho de ser cristiano, en la pertenencia de los fieles a una secta a la que se atribuyen costumbres contrarias a la moral. Sobre tales presupuestos resulta claramente advertible la precariedad en que se encontraron los cristianos durante todo este período, siempre bajo la amenaza de una posible denuncia. Por lo general, la iniciativa no fue tanto de los Emperadores cuanto de las poblaciones locales, paganas o judías.

Carecemos de apreciaciones dignas de crédito sobre el número de las víctimas de esta persecución. Al parecer no fue pequeño. Entre ellas nombremos a Simeón, segundo obispo de Jerusalén, de ciento veinte años de edad, que murió crucificado, después de haber sufrido terribles martirios. Pero el mártir más célebre de este período fue Ignacio, obispo de Antioquía, sacrificado en Roma.

Luego subió al poder el emperador *Adriano*, también español, o al menos educado en España, quien gobernó del 117 al 138. Durante su mandato, la sangre de los cristianos corrió en abundancia. Bajo su sucesor, *Antonino Pío*, que como su nombre lo indica, no era un hombre cruel, la persecución amainó considerablemente, si bien hubo algunos casos de martirios aislados. Uno de los más notables fue el de San Policarpo, obispo de Esmirna. De este período nos queda un relato fidedigno, gráfico y sustancioso. San Justino, por aquel entonces profesor en Roma, se dirigió al Emperador en favor de una mujer injustamente acusada, y le sometió el caso en los siguientes términos:

Érase una mujer que vivía con su marido, hombre disoluto. También ella, antes de su conversión, había vivido entregada a la vida licenciosa. Mas una vez que hubo conocido la doctrina de Cristo, se moderó e hizo casta, y trataba de ganar a su mismo marido hacia una vida pura, instruyéndolo en las mismas doctrinas y hablándole del fuego eterno aparejado para los que no viven castamente conforme a la recta razón. Mas él perseveró en su vida disoluta y se alejó de su mujer, porque teniendo ésta por cosa impía seguir compartiendo el lecho con un hombre que trataba de procurarse los placeres contra toda ley natural y justicia, decidió separarse. Mas como los suyos no viesen bien esto, y la aconsejaran que tuviera paciencia, diciéndole que tal vez así el hombre cambiaría de modo de ser, se contuvo a sí misma y esperó.

Tuvo el marido que hacer un viaje a Alejandría, y pronto llegó al conocimiento de la mujer que allí cometía aún mayores excesos. Entonces, para no hacerse cómplice de tales perversidades y pecados permaneciendo en el matrimonio y compartiendo mesa y lecho con tal hombre, presentó lo que corrientemente se llama un libelo de repudio, y se separó. Entonces, aquel tan excelente marido, que debiera felicitarse de que su mujer, dada antes a la vida frívola con esclavos y jornaleros entre borracheras y otros excesos, había ahora dado de mano a todo eso, y sólo quería que también él, dado a tales orgías, la imitara en su ejemplo, despechado por haberse separado contra su voluntad, la acusa ante los tribunales de cristiana.

La mujer, por su parte, te presentó a ti, Emperador, un memorial o instancia, rogándote se la autorizara a disponer antes de su hacienda, dando palabra de responder ante los tribunales, una vez arreglados los asuntos de sus bienes, de la acusación que se le hacía. Y tú se lo concediste. El antes marido, no pudiendo hacer ya nada contra la mujer, se volvió contra un cierto Ptolomeo, a quien Urbico [el prefecto de la ciudad] emplazara en otra ocasión ante su tribunal y había sido maestro de ella en las enseñanzas de Cristo. Y he aquí la traza de que se valió. Era amigo suyo el centurión que había de meter en la cárcel a Ptolomeo, y así le fue fácil persuadirle de que le prendiera, con sólo que le preguntara si era cristiano. Ptolomeo, que era por carácter amante de la verdad, incapaz de engañar ni de decir una cosa por otra, confesó que, en efecto, era cristiano. Esto bastó al centurión para cargarle de cadenas y atormentarle largo tiempo en la cárcel. Cuando, finalmente, Ptolomeo fue conducido ante el tribunal de Urbico, la única pregunta que se le hizo fue, igualmente, si era cristiano. Y nuevamente, consciente de los bienes que debía a la doctrina de Cristo, se confesó seguidor de la divina religión. Y es que quien niega algo, sea lo que fuere, o lo niega porque lo condena, o rehuye confesar la cosa por saber que es indigno o ajeno a ella. Nada de esto dice con el verdadero cristiano.

Urbico sentenció que fuera conducido al suplicio; mas un tal Lucio, que era también cristiano, al ver esa sentencia dada contra toda razón, increpó a Urbico con estas palabras: «¿Por qué motivo has hecho condenar a muerte a un hombre, a quien no se le ha probado ser ni adúltero, ni fornicario, ni asesino, ni ladrón, ni salteador, ni reo, en fin, de ningún crimen, sino que ha confesado sólo llamarse cristiano? Tu sentencia, oh Urbico, no hace honor alguno, ni al emperador Pío ni al hijo del César, el filósofo, ni al sacro Senado.» Pero Urbico, sin responder palabra, se dirigió a Lucio, diciéndole: «Me parece que también tú eres uno de ellos.» «A grande honra», respondió Lucio. Y sin más, dio orden el prefecto de que le condujeran al suplicio. Lucio le dijo que le daba las gracias por ello, pues sabía que iba a verse libre de tan perversos déspotas para ir al Padre y Rey de los cielos.

3. El siglo tercero

Según se ha visto hasta aquí, desde el 62 al 192 la persecución fue más o menos espontánea, a veces contenida y otras apremiada por los gobernantes romanos, pero en todo caso siempre esporádica y nunca con carácter sistemático. A partir del siglo III comienza una nueva forma, ya que va a ser consecuencia de edictos especiales provenientes del mismo Gobierno imperial y aplicables a la totalidad del Imperio. Los resultados de este segundo procedimiento, que caracterizó a cuatro o cinco nuevas persecuciones, fueron indiscutiblemente mucho más sangrientos que los del primero.

El año 193 subió al poder el emperador *Septimio Severo*, dando origen a la dinastía de los Severos. Su persecución, en los albores del siglo III, se inauguró no con un decreto sistemático sino a través de un simple rescripto, por el que se prohibía, bajo pena grave, hacerse cristiano. Los poderes imperiales estaban preocupados por el crecimiento continuo, en cantidad y calidad, de los cristianos. El Estado había tolerado la veneración de dioses populares, pero sólo para los individuos de las naciones vencidas, y siempre que ese culto no tuviera la pretensión de extenderse por todas las ciudades del Imperio. El cristianismo no podía ser incluido entre esas religiones. Sin embargo no se apuntó contra la misma Iglesia, como institución, según habría de hacerse más tarde, sino sólo contra los cristianos individuales. El edicto de Septimio Severo se aplicó con todo rigor en el Oriente, y uno de sus efectos más nocivos fue la supresión de la famosa escuela catequética de Alejandría. Clemente tuvo que escapar, y Orígenes, cuyo padre, Leónidas, acababa de ser martirizado, fue perseguido. En el África murieron fieles ilustres como las Santas Perpetua y Felícitas. Pero el mártir más destacado de esta persecución fue el anciano obispo de Lyon, San Ireneo, muerto posiblemente el año 203.

El rescripto inauguraba un nuevo modo de proceder. Hasta entonces los cristianos sólo podían ser llevados ante los tribunales en el caso de que fuesen denunciados, pues Trajano había ordenado formalmente que "no se los debe buscar". Pero ahora los funcionarios recibieron orden de tomar la iniciativa, actuando positivamente contra quienes convertían y contra quienes se convertían. Si bien Septimio Severo no llevó al extremo la persecución, siendo las tormentas más bien locales, en cierto modo dio inicio, probablemente sin pretenderlo, al segundo período en la historia de las persecuciones, ya no libradas a los caprichos de las turbas, sino ordenadas metódicamente. El rigor oficial vendría, en cierto modo, a relevar el odio popular contra los cristianos, dando pábulo a las persecuciones postreras, en que los anfiteatros se llenarían de mártires provenientes de todas las provincias del mundo romano. Esta lucha anhelante, entrecortada, en que a las temibles amenazas los cristianos sólo podían oponer el heroísmo y la resignación, se iría exasperando más y más hasta el día en que el poder imperial, confesando su fracaso, debiese doblar su rodilla ante la cruz.

Una nueva tempestad comenzó a fraguarse el año 248, con motivo de la solemne conmemoración del milenio de la ciudad de Roma. Las fiestas entonces organizadas despertaron los recuerdos de los triunfos gloriosos del pasado, a la vez que el anhelo de ver brillar una vez más el sol que declinaba. El Imperio estaba sacudido por una aguda crisis, y es una ley histórica que la decadencia general de una sociedad suscita el anhelo de retornar a las tradiciones fundacionales. Es lo que hizo el gobierno: trató de llevar a cabo una restauración de la religión imperial, reponiendo en sus altares los dioses ancestrales de la romanidad.

El año 240, gracias a un golpe militar, sube al poder el emperador *Decio*. Su propósito era acabar con las fuerzas mortíferas que corroían el Imperio y devolver a Roma su prístino vigor y su prestigio. Como lo acabamos de recordar, la religión oficial formaba parte del entramado político y social del viejo Imperio. Decio se empeñó en hacerla revivir, convencido de que la fidelidad al culto de Roma y de Augusto constituía el fundamento mismo del espíritu imperial. Para lograrlo, publicó un edicto el año 250 contra el cristianismo, que aparecía como enemigo jurado de dicha religión oficial, lo que entrañó la persecución general y sistemática. Dicho edicto fue terriblemente peligroso por dos razones: por la forma tan categórica con que imponía la apostasía de la fe cristiana juntamente con la adhesión a los dioses paganos, y luego por la terribilidad de los castigos con que amenazaba.

Se fijó un plazo durante el cual todos debían comparecer ante la autoridad para sacrificar a los dioses. Los que no se presentasen voluntariamente serían llevados por la fuerza. Quien tratase de eludir dicho mandato escapándose, sería castigado con la confiscación de sus bienes, y con la muerte si volvía al territorio romano. Si alguien se negaba a sacrificar a los ídolos, había que tratar de convencerlo mediante la persuasión, las amenazas, y por último, el tormento. Los funcionarios que se mostrasen indulgentes, se veían amenazados con los más severos castigos.

Lo peor del decreto de Decio era la facilitación del gesto de apostasía: bastaba con arrojar un granito de incienso al fuego en honor de los dioses, para dar suficiente prueba de adhesión a la religión pagana oficial. Parece que en caso de duda se le pedía al sospechoso que pronunciase una fórmula blasfema en repudio de Cristo. Luego se le obligaba a participar en un banquete, donde debía comer carne de víctimas inmoladas y beber vino consagrado a los ídolos. Una especie de remedo de la comunión cristiana. Luego se le entregaba un certificado, fechado y firmado. Esta persecución se caracterizó por la lentitud de sus procedimientos, con un calculado recurso a la seducción y a las torturas. A veces se dejaba que el acusado permaneciese durante varios meses en un calabozo, de modo que pudiera reflexionar. Los católicos bien formados entendieron claramente que lo que se les exigía –el grano de incienso y la comida ritual– constituía una negación de su fe. Pero el período de relativa paz precedente había ablandado a muchos de ellos. Ser cristiano en tiempos de paz no costaba demasiado, pero ahora resultaba heroico. De ahí que en esta persecución, que llegó a todas las regiones del Imperio, aunque no en todas con el mismo rigor, si bien no pocos se comportaron de manera heroica, como Orígenes, que torturado a pesar de su vejez, resistió a todos los tormentos, fueron numerosos los que defeccionaron, tanto obispos como fieles cristianos. Algunos, a la vista de los suplicios, renegaron de su fe (*lapsi*), y consintieron en sacrificar (*thurificati, sacrificati*); otros se hicieron dar por las autoridades, a un elevado precio, certificados falsos de haber cumplido los edictos imperiales (*libellatici*).

Gracias a Dios, el gobierno de Decio fue breve, ya que permaneció sólo tres años en el poder. Después de él, subió el emperador *Valeriano* (253-260). Tras un breve remanso, en el año 257 se desencadenó una nueva persecución. El primer golpe fue contra el clero, exigiéndose a los obispos, sacerdotes y diáconos que sacrificasen a los dioses del Estado, so pena de destierro. Al año siguiente se agravaron las sanciones. Los clérigos que no habían obedecido fueron ejecutados inmediatamente; los senadores y altos funcionarios que no renegasen de su fe, serían depuestos o degradados, confiscándoseles los bienes. Como en la misma corte imperial había numerosos cristianos, éstos fueron encadenados como esclavos. Donde la Iglesia más sufrió fue en África. Allí murió mártir San Cipriano, su jefe indiscutido. Pero también en España, y en la misma Roma, donde cayeron el papa San Sixto II y su diácono San Lorenzo, así como el heroico niño acólito San Tarsicio.

Luego de la muerte de Valeriano, hubo más de dos décadas de sosiego. En el año 284 subió al poder el emperador *Diocleciano*, quien gobernaría hasta el 305. Su esposa Prisca y su hija Valeria estaban bautizadas, o por lo menos eran catecúmenas. Hubo cristianos que ocupaban el cargo de gobernadores en las provincias, y eran numerosos los que vivían en la Corte, a veces ejerciendo altas funciones. En diversos lugares del Imperio los fieles habían podido levantar espléndidos templos. Sin embargo la situación no parecía segura para la Iglesia. El número de los fieles y su penetración en el ejército y en las clases altas constituía una especie de provocación para los elementos más cerriles del paganismo. Se volvió a alegar que el cristianismo representaba un obstáculo para la grandeza del Imperio romano, que la religión pagana era el alma del Imperio y la religión del Estado romano; en consecuencia quien se negaba a venerar a los dioses de Roma se oponía frontalmente al Estado. Por lo demás, el largo tiempo de paz que antecedió a esta persecución había contribuido, como en otras ocasiones, a acrecentar las deficiencias de muchos cristianos: molicie y somnolencia, discordias, envidias, obispos contra obispos, etc. Dios se encargaría de castigar estas cosas con la persecución desencadenada por Diocleciano, la más terrible que se había producido hasta entonces, y que sería como el último esfuerzo que haría el paganismo para derribar a su atlético rival.

El desarrollo de los acontecimientos está en estrecha conexión con el nuevo plan de reorganización del Imperio, excogitado por Diocleciano. Era éste un hombre de pueblo, nacido en Dalmacia, que al subir al poder reveló grandes dotes de gobernante. A su juicio, los territorios que de él dependían eran demasiado extensos para un solo hombre. Si se quería mantener el orden y defender debidamente las fronteras se necesitaban varios jefes. Así que, poco después de tomar el mando, se asoció, como colega, a Maximiano, un soldado de pocos alcances, que tomó el título de Hércules, mientras que Diocleciano se reservaba el de Júpiter, de modo que quedase bien en claro la distancia que los separaba. De este modo el Imperio se fraccionó en dos partes, el Oriente para Diocleciano y el Occidente para Maximiano. Era la diarquía. En el 293 se completó el sistema, agregándose dos nuevos jefes de sendas regiones, pero subordinados a los otros dos. Diocleciano puso junto a sí a Galerio, quien gobernaría el sudeste de Europa, es decir, la Iliria, y Maximiano a Constancio Cloro, quien debía gobernar en Hispania, Galia y Britania. Como Diocleciano y Maximiano llevaban el título de Augustos, los nuevos fueron sólo Césares. Era la tetrarquía. Conforme al pacto establecido, el inmenso Imperio quedó dividido en cuatro zonas. Tréveris, Milán, Sirmium y Nicomedia fueron las cuatro nuevas capitales, próximas a las fronteras amenazadas. El sistema parecía sólido. Los dos Césares serían automáticamente los herederos de los dos Augustos, cuando éstos se retirasen. Diocleciano puso su residencia en Nicomedia.

Al parecer fue Galerio quien desencadenó la persecución. Lo primero que hizo fue exigir que los militares cristianos sacrificasen a los dioses, si querían conservar sus grados; en caso contrario, serían ignominiosamente degradados y expulsados del ejército. Su deseo era verse acompañado por

Diocleciano en su intento depuratorio, pero el Emperador vacilaba. Por fin lograron convencerlo de que los cristianos constituían un obstáculo para que las divinidades paganas pudiesen obrar en favor del Imperio. En el 303 apareció en Nicomedia un primer edicto según el cual había que destruir todas las iglesias cristianas, quemar los libros sagrados, deponer de sus cargos a los que se obstinasen en su religión, etc. La situación empeoró cuando, pocos días después, estalló un incendio en las cercanías del palacio imperial de Nicomedia. Al parecer, lo ocasionó el mismo Galerio, para atribuirlo luego a los cristianos, como había sucedido quizás en la época de Nerón, con la intención de empujar a Diocleciano para que se lanzase a una persecución sangrienta. El Emperador se creyó rodeado de traidores. Publicó entonces un segundo edicto, por el que ordenaba detener a todo el clero, desde los obispos hasta los presbíteros, como para dejar privados de dirección a los cristianos. Luego un tercero, donde se mandaba poner en libertad a los encarcelados que sacrificaran a los dioses y atormentar hasta la muerte a los que perseveraran en la fe. Había que elegir entre la apostasía y la muerte. A los resistentes les rompían las piernas, los suspendían por los pies sobre fuego lento, les cortaban los miembros uno a uno. El Occidente fue menos castigado. Gracias a Constancio Cloro, la represión quedó reducida al mínimo en Hispania, Galia y Britania.

Si bien esta persecución resultó la más violenta de todas las que había padecido la Iglesia desde hacía dos siglos y medio, fue también una de las más abundantes en ejemplos de fortaleza. Quizás los cristianos de este tiempo olfateaban ya la proximidad de la victoria final, en la idea de que ellos integraban el último grupo de resistencia, cuya firmeza acabaría por hacer tambalear al coloso pagano. Citemos, entre tantos, cinco nombres de mártires, que figuran en el canon romano de la misa, Cosme y Damián, médicos de origen árabe, martirizados en Palestina; Crisógono, que pereció en Aquilea; Lucía, condenada en Siracusa a morir en medio de las llamas; Inés, encerrada en un lupanar, por no haber querido desposarse con un pagano, y por fin decapitada. Asimismo San Jorge, de quien se dice que rasgó el edicto de Nicomedia y que por su intrepidez fue proclamado patrono de los soldados; San Blas, obispo de Armenia; Santa Catalina, joven estudiante de Alejandría; San Sebastián, tribuno de una cohorte pretoriana en Italia. En Frigia y en Palestina enteros pueblos cristianos fueron exterminados. Destaquemos también el martirio de San Mauricio y sus soldados de la Legión Tebea. Dicha legión, acantonada en Suiza, había recibido la orden de ejecutar a un grupo de cristianos de las Galias. Como ella misma estaba compuesta, en su mayoría, de cristianos, exhortados por sus jefes, se negaron a obedecer. Diezmados por dos veces, permanecieron en su rebeldía, de modo que por fin fueron enteramente aniquilados.

Llegaba al máximo la persecución cuando acaeció en el Imperio un acontecimiento inesperado, que produjo verdadera estupefacción. En noviembre del 304, cuando Diocleciano estaba festejando en Roma sus veinte años de reinado, dio la noticia de que en el 305 los dos Emperadores dimitirían, elevándose así al rango de Augusto los dos Césares respectivos, Galerio y Constancio Cloro. Diocleciano se retiró a su palacio dálmata, en la actual Split (Spalato), y allí permaneció hasta el fin de sus días. Se cuenta que cuando, años después, la anarquía reapareció en el Imperio y un emisario de Roma le pidió que volviese a tomar las riendas, el viejo Emperador, sin responderle, lo llevó a su huerta, y le dijo, con una pizca de ironía: "¡Fíjate qué hermosos están mis repollos!" El retiro de Diocleciano entrañó para la Iglesia una buena consecuencia, al menos en el Occidente, ya que Constancio Cloro detuvo la persecución en los lugares donde se había producido. No así Galerio en el Oriente, quien siguió ensañándose contra los cristianos hasta su muerte, el año 311.

4. *La paz de Constantino*

Emerge ahora una gran figura, un joven príncipe llamado *Constantino*, hijo de Constancio Cloro y de Elena, educado en Nicomedia, a la sombra de Diocleciano. En el 306 murió su padre en York, durante una campaña en Bretaña. Entonces las legiones lo proclamaron Augusto, sin que Galerio hubiese sido consultado. Al cabo, éste aceptó la designación, pero no como Augusto sino como César. Al año siguiente, Majencio, hijo de Maximiano, recurriendo a la fuerza, se proclamó Augusto en Roma, lo que provocó la guerra con Constantino.

En el 312 se enfrentaron ambos ejércitos en el Puente Milvio, cerca de aquella ciudad. Eusebio, autor de la primera historia eclesiástica y amigo personal de Constantino, relata que en ese combate el joven príncipe "invocó a Cristo y le debió su victoria". Lactancio, otro escritor contemporáneo, aludiendo a los mismos sucesos, refiere que una noche, poco antes de la batalla, Constantino tuvo un éxtasis, durante el cual Cristo le ordenó que pusiera en el escudo de sus tropas un signo formado por dos letras griegas entrelazadas, la ji y la ro, iniciales del nombre de Cristo en griego: *Jristós*, y así entabló la contienda, de la que salió victorioso. Según Eusebio, Constantino le contó, al fin de su vida, más detalles del episodio: En el momento de emprender la lucha contra Majencio, le dijo, invocó al Dios de los cristianos, y en pleno día, por el lado del poniente, vio en el cielo una cruz luminosa, acompañada por estas palabras en griego: "¡Con este signo vencerás!" La noche siguiente, se le apareció Cristo, le mostró la cruz, y le invitó a que mandase hacer una insignia que la representase. Esta insignia fue el *Labarum*, estandarte que los ejércitos de Constantino llevarían enhiesto desde entonces. En recuerdo de la victoria, el Senado mandó erigir un arco de triunfo, y Roma elevó una estatua en honor de Constantino, donde se le representaba con una larga cruz en la mano, y esta inscripción: "Por este signo saludable, emblema del verdadero valor, he librado a vuestra ciudad del yugo de la tiranía, y he restablecido el Senado, el pueblo y su antiguo resplandor."

Desde entonces Constantino fue el único Emperador en Occidente. Pronto se dirigió a Milán para casar a su hermana Constancia con Licinio, que era Augusto en la parte oriental del Imperio. De acuerdo con él, otorgó a los cristianos el libro ejercicio de su religión. Fue el llamado *edicto de Milán*, promulgado en esa ciudad por ambos Emperadores en febrero del 313. De ahí data lo que con justicia se ha llamado la "paz constantiniana". Los Emperadores declaran: "Queremos que cualquiera que desee seguir la religión cristiana pueda hacerlo sin el temor de ser perseguido. Los cristianos tienen plena libertad de seguir su religión." Y agregan: "Pero lo que otorgamos a los cristianos lo concedemos también a todos los demás. Cada cual tiene el derecho de escoger y de seguir el culto que prefiera, sin ser menoscabado en su honor o en sus convicciones. Va en ello la tranquilidad de nuestro tiempo."

Como se ve, no era todavía la proclamación del cristianismo como única religión verdadera. Tampoco sería correcto ver allí la expresión de lo que el mundo moderno ha llamado "libertad de cultos", noción totalmente carente de asidero en la cosmovisión de los antiguos. Lo que en realidad se quiso dejar establecido es la igualdad jurídica entre el cristianismo y el paganismo. La religión de Cristo pasó a ser una "religión lícita". Pero el resultado fue mucho mayor, ya que de algún modo dicha declaración implicaba el reconocimiento oficial, por decisión de los mismos Emperadores, de que se habían equivocado al intentar destruir el cristianismo, de que no era éste el responsable de todas las calamidades de la época, como se había afirmado con tanta frecuencia como ligereza, sino quizás al revés: el persistente rechazo de Roma a la nueva fe constituía la prueba más categórica de la infidelidad del Imperio Romano a su vocación providencial.

5. Visión retrospectiva

Como se ha podido ver, no sería acertado hablar de tres siglos de persecuciones romanas. Hubo entre ellas largos momentos de paz, prolongados oasis en medio de terribles tormentas. Durante uno de ellos, a comienzos del siglo III, escribía Orígenes:

> Como los cristianos han observado el precepto apacible y humano que han recibido, de no vengarse de sus enemigos, han obtenido de Dios, que siempre combate por ellos e impone el reposo en tiempo oportuno a los que les atacan y quieren extirparlos, lo que no hubiesen podido obtener si les hubiera sido lícito hacer la guerra y disponer para ello de toda la fuerza necesaria. Para que se acordasen de que debían ser más valientes y despreciar la muerte en vista del pequeño número de mártires de la religión, hubo momentos en que un puñado de hombres, fáciles de contar, murieron por la religión cristiana: es que Dios no quería que el pueblo cristiano fuese enteramente extirpado, sino más bien que se conservase para llenar la tierra con su santa y saludable doctrina.
>
> Es verosímil que la paz y tranquilidad exterior concedidas a los fieles concluirán pronto,

porque los que calumnian de mil maneras nuestra doctrina, pretenden que los trastornos y guerras actuales provienen de la multitud de los fieles, y de que no son como en otro tiempo perseguidos por los gobernantes. La palabra de Dios nos enseña, en efecto, a no adormecernos en la paz, y no desconcertarnos en la persecución, así como a no permitir que nada nos separe del amor de Dios Creador de todas las cosas. Cuando Él nos permite y da fuerzas al tentador para perseguirnos, somos perseguidos; cuando no lo permite, ocurre, por un efecto maravilloso, que hallemos la paz en medio de un mundo que nos detesta, y vivimos llenos de confianza en aquel que ha dicho: «Estad tranquilos, yo he vencido al mundo» (Jn 16, 33). Él ha vencido, en efecto, a este mundo, el cual no tiene más poder que el que le deja aquel que ha vencido y ha recibido del Padre el poder vencerle. Nosotros confiamos en su victoria. ¿Quiere, por el contrario, que luchemos y combatamos de nuevo por la religión? Los contradictores no tienen más que levantarse, y nosotros les diremos: «Todo lo puedo en aquel que me fortifica, Jesucristo nuestro Señor» (Fil 4, 13). Vendrá el día en que la religión cristiana será la única dominante, porque la verdad divina gana cada día mayor número de almas.

Tales son las palabras de un testigo presencial de los hechos, él mismo víctima de las torturas de los perseguidores, escritas justamente en un tiempo de oasis, en medio de dos huracanes. La situación fue, pues, siempre oscilante. Bastaba que cambiase el Emperador, lo que era frecuente, para que también la política oficial mudase de orientación. Los cristianos de aquellos tiempos formaban una especie de organización semiclandestina que se movía en territorio enemigo. Cuando el rigor del adversario se adormecía, podían beneficiarse de algún tiempo de serenidad. Pero les hubiese sido mortal fiarse de las apariencias, durmiéndose en los laureles, ya que en el telón de fondo se vislumbraba siempre la pertinaz silueta de las autoridades políticas del Imperio, prestas a la persecución y a la venganza.

Generalmente se hace subir a diez el número de las persecuciones. San Agustín, por ejemplo, señala las que llevaron adelante los siguientes Emperadores: Nerón, Domiciano, Trajano, Septimio Severo, Marco Aurelio, Cómodo, Maximino, Decio, Valeriano y Diocleciano. En dicha cifra se ha visto una analogía de las plagas de Egipto (cf. Ex 7-10), o de los diez cuernos de la Bestia del Apocalipsis (Ap 17, 3), que combatieron contra el Cordero y por él fueron vencidos. Cuando llegó Constantino, y luego, al ver los cristianos la larga paz de que gozaban, algunos se preguntaron si la Iglesia conocería alguna vez nuevas persecuciones, inclinándose a pensar que ya no las habría más hasta la llegada del Anticristo. San Agustín combatió esta opinión, que estaba también muy en boga en su tiempo, apoyándose en las palabras de Cristo y en la naturaleza misma de la Iglesia. Ésta, decía el Santo Doctor, sigue su peregrinación en medio de las persecuciones del mundo y los consuelos de Dios. Desde Cristo y los Apóstoles, y por consiguiente antes de que apareciese Nerón, ya ella debió sufrir y combatir; después de las diez persecuciones, han estallado otras nuevas, y la Iglesia, ya en un lugar, ya en otro, tendrá siempre que soportar contrariedades hasta el fin de los tiempos. La historia le ha dado la razón.

Intentemos ahora un balance de lo ocurrido. El Imperio pagano infligió a la Iglesia daños considerables: incautación de bienes, destrucción de templos, pérdida de vidas humanas, en número ingente. Pero también la persecución trajo a la Iglesia grandes provechos, como por ejemplo el robustecimiento de la comunión entre los cristianos, que ante el acoso del enemigo estrecharon filas. Asimismo purificó a la Iglesia, haciendo que ingresasen en ella elementos de primera calidad y de mucha valía. Mas el principal provecho fue en el plano sobrenatural, ya que la época de los mártires constituyó para la Iglesia una especie de reservorio espiritual para todos los siglos. También nosotros vivimos de ello.

III. La reacción condigna de la Iglesia

Frente a la gran tormenta de las persecuciones de un Imperio todopoderoso, que sin la ayuda de Dios hubiera hecho zozobrar la pequeña nave de la Iglesia, ésta supo sacar de sus propios principios la respuesta adecuada. Tengamos en cuenta que en aquellos tiempos el cristianismo no fue atacado solamente con la espada material sino también con las armas de la inteligencia. La Iglesia tendría muy en cuenta este doble frente de combate.

1. Los apologistas

En el campo de las ideas debió la Iglesia enfrentar a diversos enemigos. Los paganos, ante todo, que con tanta facilidad creían todas las calumnias que se decían de los cristianos; sobre todo los intelectuales paganos, que utilizaban la filosofía para consolidar el paganismo, idealizarlo y espiritualizarlo, purgándolo de sus elementos más impresentables. Los segundos adversarios fueron los judíos, que miraban con tanto recelo a los cristianos, de los que querían diferenciarse a toda costa para que el poder romano no los confundiese con ellos. En tercer lugar la Iglesia hubo de tener en cuenta el creciente influjo de las religiones mistéricas del Oriente, que tanto atractivo ejercían sobre los romanos más exigentes. Finalmente la enfrentaron los heterodoxos, los primeros herejes que brotaron de las entrañas mismas de la Iglesia.

Ante esta múltiple ofensiva, la Iglesia recurrió al mejor tipo de defensa que es el ataque. Con esclarecida lucidez enfrentó a los dos grandes adversarios externos del mundo cristiano, el paganismo y el judaísmo. Mostró, en primer lugar, cuán vano y necio era el culto a los ídolos y qué nefandos vicios se habían extendido en el paganismo, como era lógico sucediese, con tales supersticiones y con tales dioses. Luego señaló la ceguera y pertinacia de los judíos, que a través de sus profetas habrían podido fácilmente reconocer a Cristo. Más difícil le fue enfrentar al último enemigo, que a partir del siglo II la atacaría desde dentro, es decir, los herejes, no siempre quizás tan burdos y cerriles como los paganos y los judíos, ni tampoco tan fácilmente identificables de entrada como adversarios, pero no por ello menos peligrosos, sino al revés, quizá por eso mismo.

Hubo, ante todo, una resistencia fáctica, por así decirlo, silenciosa pero muy elocuente. A la fuerza y los argumentos de los Emperadores la Iglesia contrapuso la constancia y el heroísmo de sus mártires. También en este testimonio se incluía cierta dosis de apologética, aunque implícita. Mas no sólo implícita, porque muchas veces los mismos mártires no se callaban ante los jueces, sino que con toda decisión defendían la doctrina cristiana contra las más groseras calumnias que se propagaban por doquier. Sin embargo, además de la apologética del ejemplo y de la defensa hablada, se hacía también necesario echar mano de la pluma para deshacer tantas argucias.

Hacia el año 120 apareció esta nueva forma de la literatura cristiana. Decimos nueva porque los primeros escritores cristianos y los Padres Apostólicos se limitaron a edificar espiritualmente a los fieles. En cambio, con los apologistas la literatura de la Iglesia se dirigió por primera vez al mundo exterior. Ya no bastaba la catequesis *ad intra*. Había que desarrollar el testimonio apologético *ad extra*. Se han conservado unos quince nombres de autores bajo el apelativo de "Padres apologistas". Los hubo más, y de muchos sólo nos quedan sólo fragmentos. La misma idea de escribir Apologías del cristianismo, frente a un mundo cruel y burlón, parece extraña. Es que pensaban que todavía se estaba a tiempo de reconciliar el Imperio con la Iglesia.

Consideremos, en primer lugar, la apologética que los Padres llevaron al cabo contra **el paganismo**. En este campo se propusieron objetivos bien concretos.

Ante todo refutar los infundios que se habían esparcido ampliamente, en particular los de quienes veían en la Iglesia un peligro para el Estado. Se les respondía que la negativa de los cristianos a sacrificar ante la estatua del Emperador no era señal de que atentasen contra la seguridad del Estado, ni de que se mostrasen en rebeldía. En todas las cosas lícitas, decían, están sometidos a las autoridades; pagan religiosamente los impuestos, ruegan con fervor por la prosperidad del Imperio y de sus jefes, se interesan por el sosiego de los Emperadores, y los defienden, sobre todo cuando son soldados, hasta poner en peligro la propia vida, a diferencia de no pocos de sus acusadores, que con frecuencia traman sigilosamente planes de rebelión contra los mismos Emperadores, a quienes antes fatigaban con sus adulaciones. Se acusaba asimismo a los cristianos de ser la causa de las desgracias del Imperio. Tales desgracias, respondían los Padres apologetas, no coinciden con la propagación del cristianismo; ya las hubo anteriormente, y en cuanto a los infortunios presentes, ellos no prueban sino la impotencia de los dioses para proteger a sus ministros y sus templos. Por lo demás, el número de estas calamidades ha disminuido notablemente desde que hubo cristianos en el Imperio, sea porque se cometen menos delitos, sea porque la fe es una fuerza de cohesión social, sea porque hay mayor número de intercesores cerca de Dios.

En segundo lugar los apologistas se esmeraron en deshacer una por una las acusaciones y calumnias propagadas por los paganos contra la moral de los cristianos, antropofagia, incesto, malas costumbres, ateísmo, magia, sacrilegio, reuniones clandestinas, oposición sistemática al bien público... Sin embargo no se contentaron con mantenerse a la defensiva sino que pasaron luego a la contraofensiva, exponiendo lo absurdo del paganismo y de sus mitos, la vaciedad y locura de la religión pagana, la inmoralidad de sus ritos, la divinización de los vicios más repugnantes. Todo ello en contraposición con la vida virtuosa de los buenos cristianos, y sobre todo con los principios sublimes de la doctrina católica. Ofrecieron al mismo tiempo pruebas positivas en favor del origen sobrenatural del cristianismo y de la necesidad de abrazarlo, así como del carácter divino de su Fundador, quien probó con sus milagros que era el Señor de la creación. Insistieron también en la extraordinaria transformación que Cristo logró en sus Apóstoles, el esplendor de las enseñanzas e instituciones de la Iglesia, que aventajan infinitamente a las del antiguo mundo, los efectos del cristianismo, que transforman, regeneran y ennoblecen.

Estos escritos, compuestos en griego hasta el siglo II, y desde el tercero, en latín, iban dirigidos a los hombres honestos, así como a los pensadores paganos que no estuviesen fanatizados. Varias de las Apologías fueron dedicadas a los mismos Emperadores, en lo que no debemos ver una fórmula meramente protocolar, ni la pretensión de convertirlos personalmente. Lo que se buscaba era que dichos Emperadores, a veces hombres de talento, comprensión y buena voluntad, acabasen por entender cómo el cristianismo era muy distinto de lo que se pretendía. La dedicatoria, pues, era sincera, y se aspiraba a que leyeran de hecho las apologías, al menos a título de información o curiosidad.

Al llevar a cabo esta demostración de la fe, los Apologistas pusieron los cimientos de la ciencia de Dios. Fueron, por lo tanto, los primeros teólogos de la Iglesia, lo que señala su importancia fundacional.

Desde la intelectualidad pagana, la obra más notable que se dirigió contra los cristianos fue el *Discurso de la verdad*, escrito en el siglo II por el filósofo Celso. El original se ha perdido, mas con los fragmentos reproducidos por Orígenes en la excelente refutación que de dicha obra hiciera en el 247, bajo el nombre de *Contra Celso*, casi se lo puede reconstruir. Según el pensador pagano, la religión romana es indispensable para el Imperio, de modo que el negarse a profesarla significa declararse contrario a él. Lo malo de los cristianos, afirma Celso, no es tener una religión propia, distinta de la oficial, sino el exclusivismo con que la profesan, creyéndola la única verdadera, con el consiguiente rechazo de la religión imperial. Celso conoce perfectamente la doctrina cristiana en sus elementos esenciales y trata de refutarla desde el punto de vista pagano, dejándola en ridículo.

Más allá de su lenguaje amargo y apasionado, muestra mucha sagacidad y un gran talento de exposición. El cristianismo es, a sus ojos, un revoltijo de extravagancias judaicas, de errores recientemente inventados, y de algunos preceptos morales, útiles sin duda, pero tomados de la filosofía griega. No menos peligroso a la ciencia que al Estado, tiene por voceros hombres llenos de ceguera, cuyas extravagancias no pueden seducir sino a espíritus ignorantes y viciosos, esclavos, mujeres y niños. Celso hace hablar a un judío contra los cristianos. Ese hebreo no ve en Cristo sino un mago judío, nacido de un adulterio, que pretendió constituirse en juez entre cristianos y judíos.

Otra importante apología del cristianismo es la *Epístola a Diogneto*, de la segunda mitad del siglo II, compuesta en forma de carta dirigida a un tal Diogneto, eminente personalidad pagana, quizás un preceptor de Marco Aurelio. Dicho personaje le había pedido a un amigo cristiano, que le informara acerca de su religión. El autor, cuyo nombre desconocemos, trata de demostrar la superioridad del cristianismo sobre el paganismo idólatra y sobre el judaísmo formulista. La epístola contiene una notable descripción de la vida de los cristianos, y lo que significa su presencia en ese mundo que los quiere desterrar:

Los cristianos no se distinguen de los demás hombres ni por su tierra, ni por su habla, ni por sus costumbres. Porque no habitan ciudades exclusivas suyas, ni hablan una lengua extraña, ni llevan un género de vida aparte de los demás. A la verdad, esta doctrina no ha sido por ellos inventada gracias al talento y especulación de hombres curiosos, ni profesan, como otros, una enseñanza humana; sino que, habitando ciudades griegas o bárbaras, según la suerte que a cada uno le cupo, y adaptándose en vestido, comida y demás género de vida a los usos y costumbres de cada país, dan muestras de un tenor de peculiar conducta admirable y, por confesión de todos, sorprendente... Se casan como todos; como todos, engendran hijos, pero no exponen los que nacen. Ponen mesa común, pero no lecho. Están en la carne, pero no viven según la carne. Pasan el tiempo en la tierra, pero tienen su ciudadanía en el cielo. Obedecen a las leyes establecidas; pero con su vida sobrepasan las leyes. A todos aman y de todos son perseguidos. Se los desconoce y se los condena. Se los mata y en ello se les da la vida. Son pobres y enriquecen a muchos. Carecen de todo y abundan en todo. Son deshonrados y en las mismas deshonras son glorificados. Se los maldice y se los declara justos. Los vituperan y ellos bendicen. Se les injuria y ellos dan honra. Hacen bien y se los castiga como malhechores; castigados de muerte, se alegran como si se les diera la vida. Por los judíos se los combate como a extranjeros; por los griegos son perseguidos y, sin embargo, los mismos que los aborrecen no saben decir el motivo de su odio.

Mas, para decirlo brevemente, lo que es el alma en el cuerpo, eso son los cristianos en el mundo. El alma está esparcida por todos los miembros del cuerpo, y cristianos hay por todas las ciudades del mundo. Habita el alma en el cuerpo, pero no procede del cuerpo; así los cristianos habitan en el mundo, pero no son del mundo. El alma invisible está encerrada en la cárcel del cuerpo visible; así los cristianos son conocidos como quienes viven en el mundo, pero su religión sigue siendo invisible. La carne aborrece y combate al alma, sin haber recibido agravio alguno de ella, porque no le deja gozar de los placeres; a los cristianos les aborrece el mundo, sin haber recibido agravio de ellos, porque renuncian a los placeres. El alma ama a la carne y a los miembros que la aborrecen, y los cristianos aman también a los que los odian. El alma está encerrada en el cuerpo, pero ella es la que mantiene unido al cuerpo; así los cristianos están detenidos en el mundo como en una cárcel, pero ellos son los que mantienen la trabazón del mundo. El alma inmortal habita en una tienda mortal; así los cristianos viven de paso en moradas corruptibles, mientras esperan la incorrupción en los cielos. El alma, maltratada en comidas y bebidas, se mejora; lo mismo los cristianos, castigados de muerte cada día, se multiplican más y más. Tal es el puesto que Dios les señaló y no les es lícito desertar de él.

Así viven los cristianos, dispersos en medio de la sociedad. Están en el mundo, aunque no son del mundo. Casi contemporáneamente escribía Tertuliano en su *Apología*: "Somos de ayer y ya llenamos vuestras ciudades, vuestras colonias, el ejército, el palacio, el Senado, el foro. Sólo os dejamos vuestros templos."

En lo que toca a la polémica contra **los judíos**, nos queda un escrito apologético de primer nivel, el *Diálogo con Trifón*, de San Justino. Explayémonos un tanto sobre la personalidad de este Santo Padre, de relieve tan excepcional. Nació Justino en Samaría, de familia griega y pagana. Desde jo-

ven buscó la sabiduría en diversas escuelas filosóficas. Primero frecuentó la de los estoicos, luego la
de los peripatéticos y, finalmente, la de los pitagóri-
cos. Ninguna de ellas logró satisfacerlo. El platonismo le atrajo por un tiempo, hasta que cierto día
en que estaba paseando por las orillas del mar, se
le acercó un sabio anciano quien logró convencerle
de que el cristianismo era la verdadera filosofía,
la plenitud de las verdades parciales entrevistas por
los antiguos, y especialmente por Platón. Bien señala Daniel-Rops que fue en ese instante cuando
se realizó el encuentro, tan grato a Péguy, entre el
alma platónica y el alma cristiana, justificando de
antemano aquella célebre frase de Pascal: "Platón,
para disponer al Cristianismo." Luego el anciano
le habló de los "profetas, los únicos que anuncian
la verdad". "Esto dicho –relata Justino– y muchas
otras cosas que no hay por qué referir ahora, mar-
chóse el viejo, después de exhortarme a seguir sus
consejos, y no le volví a ver más. Mas inmediatamente sentí que se encendía un fuego en mi alma
y se apoderaba de mí el amor a los profetas y a
aquellos hombres que son amigos de Cristo, y, re-
flexionando conmigo mismo sobre los razonamien-
tos del anciano, hallé que esta sola es la filosofía
segura y provechosa. De este modo, pues, y por
estos motivos yo soy filósofo, y quisiera que todos
los hombres, poniendo el mismo fervor que yo,
siguieran las doctrinas de salvación." Sabemos
igualmente por él mismo que el heroico desprecio
de los cristianos por la muerte tuvo una parte no
pequeña en su conversión: "Cuando seguí las doctrinas de Platón, oía las calumnias contra los cris-

tianos; pero, al ver cómo iban intrépidamente a la muerte y a todo lo que se tiene por espantoso, me puse a reflexionar que era imposible que tales hombres vivieran en la maldad y en el amor a los placeres." Finalmente abrazó la fe de Cristo. Luego de su conversión, que probablemente tuvo lugar en Éfeso, lo encontramos en esa misma ciudad, poco después de concluir la guerra judía contra los romanos, discutiendo con el judío Trifón. Al poco tiempo se puso a viajar como predicador ambulante, vistiendo el *pallium*, manto que usaban los filósofos griegos. Hacia el año 150 se dirigió a Roma, donde fundó una escuela a la manera de los filósofos paganos. En 163, bajo Marco Aurelio, fue denunciado por un filósofo llamado Crescente, a quien Justino había refutado de manera irrebatible. Lo detuvieron entonces, con seis de sus alumnos, e interrogado por el prefecto Rústico, expuso su fe, una vez más, con intrépido fervor. Lo amenazaron con torturas, pero él mantuvo su adhesión a Cristo, hasta que finalmente fue decapitado.

Como se ha podido ir viendo, Justino representa un nuevo tipo de cristiano, el que proviene del mundo cultural griego, que una vez convertido, conserva sus hábitos de pensamiento y su estilo de vida. Además de su obra contra el judío Trifón, donde refuta los errores del judaísmo y a la que enseguida nos referiremos, escribió dos *Apologías*, la primera dirigida al emperador Antonino, y la segunda probablemente al emperador Marco Aurelio, donde presenta a los cristianos como los auténticos herederos de la civilización greco-romana. En esto Justino es original, si se lo compara con los otros apologistas de la fe contra el paganismo. Él trata de buscar la continuidad que existe entre el cristianismo y el helenismo. El cristianismo era, a su juicio, la única filosofía completa. ¿Entonces de nada sirvió el ingente esfuerzo realizado por el pensamiento humano desde hacía tantos siglos? De ningún modo. Todo hombre que encuentra la verdad, aunque sea parcial, participa del "Verbo seminal"; la verdad que llegó a conocer proviene, en última instancia, del Verbo divino, del Logos. Por eso todo lo bueno que tiene la filosofía griega, las diversas verdades enseñadas por Sócrates, Platón y Aristóteles, derivan del Logos. En otras palabras, "todos los principios justos descubiertos y expresados por los filósofos los alcanzaron éstos merced a una participación en el Verbo". Este Verbo, este Logos que ha ido encendiendo así progresivamente la inteligencia humana no es otro que Cristo, donde la verdad se manifestó de manera plenaria. Hasta entonces los hombres no habían tenido de ella sino un conocimiento incompleto. Gran idea ésta, marcada con el sello del genio. Es cierto que también los griegos, por influjo del demonio, deformaron a veces la verdad que habían alcanzado, convirtiéndola en las fábulas de la mitología. Esto es lo negativo de la cultura griega, que en este sentido debe ser exorcizada.

También fue Justino quien asumió otra gran herencia de la antigüedad, la que ofrecía el pensador judío Filón, de formación helénica, sobre todo en lo que toca a su método interpretativo de las Escrituras. Este pensador, que fue contemporáneo de Cristo y vivió en Alejandría, orientó la exégesis de los textos veterotestamentarios hacia una explicación alegórica, en la idea de que junto al sentido histórico y literal, los autores de la Biblia buscaban expresar un sentido simbólico superpuesto. En los personajes y en los acontecimientos bíblicos, Filón creía descubrir signos de realidades superiores, morales o espirituales. Haciendo suyo dicho legado, Justino fue más allá, aplicando aquellas prefiguraciones a Cristo. "Todas las prescripciones de Moisés —escribe—, fueron tipos, símbolos, anuncios de lo que debía suceder a Cristo."

Nos hemos detenido en estas reflexiones de Justino ya que nos parecen de gran utilidad para entender el sentido de la historia, la teología de la historia, particularmente en lo que toca al papel providencial de la cultura griega como prolegómeno del pensamiento cristiano. Pero acá las traíamos a colación con motivo de su obra apologética. El *Diálogo con Trifón*, al que nos referíamos más arriba, es la más antigua apología cristiana contra los hebreos que se conserva. Se trata de una disputa de dos días con un sabio judío, quien entre otras cosas así le argüía: "Sabemos que las Escrituras anuncian un Mesías doloroso que volverá con gloria para recibir el reino eterno del universo. Pero que haya de ser crucificado y morir en semejante grado de vergüenza y de infamia con una muerte maldita por la Ley, ¡eso pruébanoslo, pues nosotros ni siquiera logramos concebirlo!"

En la primera parte de la obra, el apologista explica el concepto que tienen los cristianos del Antiguo Testamento, en la inteligencia de que la ley mosaica tuvo validez sólo para un tiempo concreto y para un pueblo determinado, mientras que la Ley nueva del cristianismo es eterna y para toda la humanidad. La segunda parte justifica la adoración de Cristo como Dios. En la tercera muestra que las naciones que creen en Cristo y siguen su Ley representan al nuevo Israel y al verdadero pueblo escogido de Dios. Como este diálogo, a diferencia de las apologías que se dirigen al paganismo, tiene por interlocutores a un tipo totalmente diferente de lectores, Justino da mucho importancia al Antiguo Testamento y cita a los profetas para demostrar que la verdad cristiana existía aun antes de Cristo, y que el pueblo que había sido elegido ha clausurado sus oídos a la buena nueva con la consiguiente elección de los gentiles. Si bien el Diálogo no es la reproducción taquigráfica de una discusión real, seguramente hubo conversaciones y disputas verdaderas que precedieron a la composición de la obra, mantenidas probablemente en Éfeso durante la guerra de Bar-Kochba, de la que se habla en dos capítulos del libro.

Otro foco de disputas, que requirió la respuesta de los apologistas, fue la de **las religiones del Oriente**, las religiones mistéricas, como se las llamaba, que comenzaron a pulular en el Imperio, al abrigo de la legislación estatal. Ya hemos hablado de ellas, y de cómo ofrecían al mundo romano, cuya religión oficial se limitaba a un ritual frío y burocrático, ciertas aperturas espirituales y esperanzas aparentemente fundadas de salvación. En el ambiente flotaba la idea de que del Oriente vendría la luz, si bien se lo esperaba de un modo confuso. De hecho así sería. Por eso en los libros de apologética se reiteró la idea de que del Oriente había venido efectivamente la luz, "la luz verdadera, que ilumina a todo hombre que viene a este mundo" (Jn 1, 9). Los anhelos de salvación que se buscaban vanamente en los cultos orientales, encontrarían sosiego en la manifestación del Sol *oriens ex alto* (Lc 1, 78).

En el siglo III cobró auge la *escuela neoplatónica*. Se considera a Ammonio Saccas el fundador de dicha escuela en Alejandría. Saccas había sido cristiano, alejándose luego de la fe. En esta escuela se destacó su discípulo Plotino, nacido en Egipto hacia el 205, el cual trazó en sus *Enéadas* los principios esenciales del sistema, opuestos directamente al materialismo, el escepticismo y el gnosticismo, pero desde el idealismo de la filosofía platónica. Fue en estos grupos donde la antigua filosofía reunió todas sus fuerzas para reanimar al paganismo expirante. Se esforzaban por demostrar que a pesar de la divergencia de formas, había unidad esencial entre los diversos sistemas de la filosofía anterior; que la verdad estaba en todos; que se completaban unos a otros, y no encerraban las contradicciones que sus adversarios creían encontrar; que los diferentes cultos del paganismo no eran sino manifestaciones diversas de la misma divinidad. Tratábase, por tanto, de reducir todos los sistemas religiosos a las verdades fundamentales que les eran comunes, ligando dichos sistemas con la filosofía, e incluso con algunas doctrinas sacadas del ideario cristiano. También con ellos disputaron los apologistas, como era de esperar.

Hemos dicho que los últimos enemigos contra los cuales había que apologizar eran **los herejes**. En los tres primeros siglos habían aparecido ya varias herejías. La más sutil y peligrosa de todas ellas fue el *gnosticismo*, que surgió en el siglo II. Dicho error, donde se advierte un evidente abuso de la especulación aplicada a los misterios de Dios, es sumamente complejo y no nos sería posible exponerlo aquí en su totalidad. ¿Qué era la gnosis? La palabra, en griego, quiere decir conocimiento. Aquí se quería significar el esfuerzo del hombre por aprehender lo divino, lo que en sí no parece algo malo. Una gnosis cristiana perfectamente ortodoxa era del todo concebible, y de hecho existía desde los orígenes del cristianismo. Ya Pablo había dicho que había una gnosis según Dios, una sabiduría escondida (cf. 1 Cor 2, 7). Pero el movimiento gnóstico era una "sabiduría según el mundo", que absorbía elementos ideológicos provenientes de todas partes, de la herejía doceta, del platonismo, del dualismo iránico, e incluso quizás del mismo budismo, en orden a reelaborar los dogmas del cristianismo.

El punto de partida del gnosticismo parecía elevado. Dos ideas estaban en su origen: la sublime trascendencia de Dios, tal como la entendían los judíos de los últimos tiempos, para quienes Yahvé había llegado a ser infinitamente lejano y misterioso, el Gran Silencio, el Abismo; y la miseria inenarrable del hombre, pura abyección. Entre el Dios sublime y el hombre abyecto se desplegaba una serie de intermediarios, los "eones", que emanaban de Aquél por vía de degradación; los primeros se le parecían como engendrados por Él, pero ellos, a su vez, habían engendrado otros eones menos puros, éstos a los siguientes, y así sucesivamente, hasta llegar a 365. El conjunto constituía el *pléroma*, la plenitud.

En medio de la serie, uno de los eones cometió un pecado, intentando sobrepasar sus límites ontológicos e igualar a Dios, siendo por ello arrojado del mundo espiritual. En su rebelión, creó el mundo material, que es malo, signado por el pecado. Algunos gnósticos llamaron a este eón prevaricador, el Demiurgo, y otros lo identificaron con el Dios creador de la Biblia. ¿Cómo quedaba el hombre en tales perspectivas? No esencialmente corrupto, porque al provenir últimamente de Dios, cobijaba en su interior una chispa divina, un elemento espiritual, cautivo de la materia, que aspiraba a ser liberado. Su pecado era existir, su mal era la existencia misma. Los que se contentaban con vivir, los llamados "materiales", estaban rigurosamente perdidos; los denominados "psíquicos", podían progresar; los que renunciaban a todo lo de la vida, los "espirituales", los hombres superiores, eran los únicos que se salvaban.

Se ve hasta qué punto esta ideología, hecha de oscuras especulaciones, resultaba incompatible con el cristianismo. Desaparecía Jesús como personaje histórico. Cristo no era más que un miembro en la jerarquía de los eones, y su carne humana, una especie de ilusoria envoltura de la chispa divina. La moral cristiana, tan equilibrada, cedía su lugar a otra moral que a veces se mostraba brutalmente hostil al cuerpo, llegando así a una ascética excesiva, otras se tornaba exageradamente complaciente, por desprecio de la carne, dejando libre curso a los instintos.

Fue *Ireneo* el gran adversario del gnosticismo. Nació en Esmirna, hacia el 135, de padres ya cristianos, cosa poco frecuente en aquellos tiempos. Su juventud fue fervorosa. Él mismo nos cuenta que a los quince años se sentaba con sus compañeros en torno al santo obispo Policarpo, y no se cansaba de oírle referir lo que el apóstol Juan le había enseñado de Jesús. Testigo directo de la tradición apostólica, era, además, un griego culto, conocedor de la filosofía, habiendo estudiado quizás en la misma Roma. En todo caso se sabe que trató mucho a San Justino.

Elegido obispo de Lyon, dio comienzo a un episcopado glorioso, en la línea de los grandes obispos mártires, Ignacio y Policarpo. Para sus fieles galo-romanos redactó un libro llamado *Demostración de la Iglesia apostólica*, breve exposición de la doctrina cristiana, el primero de los catecismos que conoció la Iglesia. Pero como vio que la grey a él confiada estaba amenazada del peligro gnóstico, sobre el que había oído hablar en Roma, pero que ahora llegaba a su tierra, creyó necesario salirle al paso. Y así escribió una obra bajo el título de *Exposición y refutación de la falsa gnosis*, más conocida como *Adversus haereses*, una de las cumbres del pensamiento católico. La componen cinco libros. En los dos primeros presenta las herejías de su tiempo. Él bien sabía, como escribe, que "exponer sus sistemas es vencerlas, como arrancar una fiera a la maleza y sacarla a plena luz es hacerla inofensiva". En los tres libros restantes expone la doctrina ortodoxa, de tal modo que las herejías queden refutadas.

En esta obra Ireneo insiste en el valor de la Tradición, única capaz de impedir los extravíos de los herejes. Los gnósticos habían reivindicado el derecho de conocer a Dios y sus misterios por la sola vía de la inteligencia humana, y ya hemos visto a qué desvaríos habían llegado. La inteligencia necesita una guía, que es precisamente la Tradición. Uno de los aspectos del gnosticismo que más atacó fue el aborrecimiento de esos herejes a la carne. ¿Acaso los hombres, hechos de carne, no habían sido consagrados y redimidos por Cristo, también Él de carne en cuanto hombre, que como nuevo Adán recapitula en sí a toda la humanidad? "Si la carne no se ha salvado, es que el Señor no nos ha redimido", afirmaba. Asimismo explicó admirablemente, en la misma línea de Justino, la concordancia entre ambas partes de la Sagrada Escritura. Dios había educado progresivamente al hombre por medio de Israel, y los dos Testamentos eran dos momentos de esa educación, dos etapas complementarias en la marcha del hombre hacia la verdad plenaria.

2. El testimonio de la sangre

Hasta acá hemos hablado de la obra de los apologistas. Pasemos ahora a tratar de la gesta de los mártires. Junto al testimonio de la palabra, el testimonio de la sangre. En su tratado sobre la Iglesia se pregunta el teólogo Möhler qué hubiese sucedido si los fieles hubieran cedido a los tormentos y persecuciones, renegando de Cristo. Los paganos habrían concebido el más profundo desprecio por el cristianismo. Que éste podía bastar para las horas serenas pero que no resistía a la prueba del fuego. Los mismos cristianos habrían llegado a despreciarse mutuamente. El cristianismo sin el martirio se habría aniquilado a sí mismo. Tal fue el peligro que corrió la Iglesia en los tres primeros siglos de las persecuciones romanas. Las sectas de ese tiempo no mostraron tal valor. Al menos nada se nos dice de sectarios que hubieran llegado hasta la sangre en la adhesión a sus falsas ideas. Justino afirma que los romanos no perseguían sino a los miembros de la Iglesia católica. En cambio, si sabían que algunos de los detenidos pertenecían a una secta cualquiera, enseguida los dejaban en libertad. Las actas de los mártires confirman este aserto. En muchos casos vemos al procónsul preguntar al reo: "¿De qué Iglesia eres tú?", y cada vez que le respondían: "De la Iglesia católica", se daba la señal del castigo. Por eso fueron los miembros de la Iglesia los únicos en afrontar valerosamente la persecución. Los paganos se cansaron de matar antes que los cristianos de morir. Así quedó sofocado el Paganismo perseguidor, y el Cristianismo heroico se elevó ya triunfante de sus enemigos a fines del siglo III o principios del IV.

No fue la muerte la única expresión del testimonio de aquellos cristianos. Hubo también en estos siglos una variante del martirio, aunque no se llegara a la sangre. Fue sobre todo en el siglo III, especialmente durante la persecución de Decio, cuando una buena parte de los cristianos interrogados no fueron condenados a muerte inmediata, sino, con frecuencia, a largas temporadas de presidio, lo que no era mucho mejor. Los trabajos forzados se hacían entonces en las minas de metales o de sal. Esta pena era tan terrible, que en el Derecho Romano se la consideraba como "castigo capital". *Ad metalla!*, se les decía, a las minas. Las posibilidades de sobrevivir en esos lugares no llegaban a un diez por ciento. Por eso muchos cristianos preferían ser destrozados por los leones en los anfiteatros a ese lento engullimiento subterráneo. Los condenados, marcados con hierro candente y encadenados de a dos, eran conducidos a pie hasta las minas en largas caravanas, como si fuesen ganado. Al llegar, los empujaban hacia la abertura de la bocamina que, en la base de la montaña, absorbía sin pausa toda esa multitud. Una vez que la entrada se había cerrado sobre ellos, la vida era ya sólo subterránea y el trabajo ininterrumpido, sin ningún tipo de expectativas. Durante años, esos "mineros de Cristo", mezclados con un montón de condenados, esclavos, rebeldes, criminales, ladrones y prisioneros políticos, donde todos los sexos y todas las edades estaban confundidos, padecían un calvario de todas las horas, con la certeza de no salir nunca vivos de ese infierno.

No debemos pensar que ante las persecuciones todos mostraron la misma fortaleza. Fueron muchos los que vacilaron y desertaron. Ni fue sólo el miedo la causa de tales defecciones. Hubo obispos que pensaron poder preservar, junto con la propia vida, el porvenir de su comunidad, a costa de una traición que juzgaban sólo aparente. Ya lo hemos señalado, pero reiterémoslo ahora, que entre los renegados, a los que llamaban *lapsi*, caídos, los hubo de tres clases: los *sacrificati*, que habían consentido en ofrecer un sacrificio a los dioses; los *thurificati*, que sólo habían aceptado quemar incienso ante imágenes divinas, en especial ante la del Emperador, con lo cual algunos magistrados se daban por satisfechos; y, por fin, aquellos, más astutos, que a fuerza de dinero o por sus relaciones lograban que borrasen sus nombres de los registros de los sospechosos o se les extendiese certificados –*libelli*– falsos de sacrificio, de donde el nombre de *libellatici* que se les daba.

Pero quedémonos con los héroes, con los que no cedieron. Tomemos el primer ejemplo del relato de una persecución en Egipto:

> Un número incontable entre hombres, mujeres y niños soportaron aquí diversos géneros de muertes, despreciando la vida perecedera por mantener la doctrina de nuestro Salvador...

> Los tormentos y dolores que soportaron los mártires de la Tebaida sobrepasan todo discurso. Hubo a quienes les desgarraron todo su cuerpo hasta que expiraran, empleando conchas en lugar de uñas de hierro. Hubo mujeres a las que, atadas de un pie, las levantaron en el aire por medio de unas máquinas, cabeza abajo, completamente desnudas, ofreciendo a cuantos las miraban el espectáculo más vergonzoso, más cruel y más inhumano que cabe imaginar. Otros morían atados a ramas de árboles, para lo cual inventaron nuestros enemigos este suplicio: por medio de no sé qué máquinas, aproxi-

maban unas a otras las ramas más robustas, sujeta-
ban a cada una una pierna del mártir y, soltándolas
luego para que recobrasen su posición natural, pro-
ducían el instantáneo descuartizamiento de las víctimas, contra las que se ensayaba tan cruel suplicio.
Y todos estos suplicios ejecutaban, no por unos días
ni por breve espacio de tiempo, sino durante años
enteros, muriendo a veces más de diez, a veces más
de veinte, y no faltaron ocasiones en que, condenados a varios y sucesivos castigos, perdieron la vida
en un solo día unas veces no menos de treinta, otros
cerca de sesenta, y en ocasiones hasta cien hombres, acompañados de sus niños y de sus mujeres.

Nosotros mismos, presentes en los lugares de
ejecución, fuimos testigos de muertes en masa en
un solo día, muriendo, unos, decapitados, otros,
por el suplicio del fuego, hasta llegar a embotarse
de tanto matar el filo de las espadas y hacerse pe-
dazos de puro romas, teniéndose que relevar de
puro cansancio los verdugos. Y pudimos entonces
contemplar el ímpetu sobre toda ponderación maravilloso y la fuerza en verdad divina de los creyentes en el Cristo de Dios. En efecto, apenas acabada
de pronunciar la sentencia contra los primeros,
otros saltaban de otra parte ante el tribunal del juez,
confesándose cristianos, sin preocuparse para nada
de los suplicios y mil géneros de tormentos que les
esperaban. Al contrario, proclamando con intrépida
libertad la religión del Dios del universo, recibían
con alegría, con risa y júbilo la última sentencia,
hasta el punto de romper en cánticos, entonar himnos y dar gracias a Dios hasta exhalar su último
aliento.

Así leemos en la *Historia Eclesiástica* de Eusebio. Como se sabe, los antiguos cristianos conservaron muchas actas de mártires. Creemos que será

no sólo aleccionador sino también conmovedor escuchar algunas de ellas.

Recordemos ante todo la de *San Ignacio*, cuyo solo nombre hacía pensar, por su etimología –*ignis*–, en el fuego, tan cerca de la generación de los Apóstoles. Condenado en Antioquía, bajo el gobierno de Trajano, fue enviado a Roma para ser pasto de los leones, quizás en el Coliseo, aquel anfiteatro que entonces estaba a punto de ser inaugurado, destinado a combates de fieras y de gladiadores, con capacidad para 50.000 espectadores. Sabedor del destino que le esperaba, escribió mientras era llevado de Antioquía a Roma varias cartas donde manifestaba su anhelo de martirio. Así a los cristianos de Esmirna: "Bajo la segur o entre las fieras, siempre estaré cerca de Dios." A su paso por Esmirna, entró en contacto con el obispo Policarpo, que lo seguiría en el martirio. El único temor que experimentaba Ignacio era el de ser perdonado. Por eso, antes de llegar a Roma, escribió a la comunidad de esa ciudad suplicando que no hicieran nada para liberarlo, ni tratasen de obtener su indulto. "Ya que el altar está preparado, dejadme sacrificar. Dejadme ser presa de las fieras. He de alcanzar a Dios por ellas. Ahora soy trigo de Dios; pero para convertirme en pan blanco de Cristo hace falta que me trituren los dientes de las fieras." Murió heroicamente hacia el 107.

Medio siglo después, bajo el reinado del emperador Antonino, le tocó el turno a *Policarpo*, ya casi nonagenario, que, como dijimos, había sido discípulo directo de San Juan. En Esmirna, donde era obispo, había comenzado una redada de cristianos. En ocasión de que llevasen al martirio a uno de ellos, algunos de entre los paganos empezaron a gritar: "¡Vamos ahora por Policarpo, por Policarpo!" Al oír el griterío, a pesar de que le instaban a huir, tomó serenamente la decisión de esperar. Diciendo "Hágase tu voluntad", salió al encuentro de los perseguidores, con gesto afable y amistoso. Lo pusieron sobre un asno y lo llevaron al jefe de policía de Esmirna.

El procónsul le dijo: "Piensa en tu edad tan avanzada. Jura por el César, arrepiéntete y cambia de conducta. Di: ¡Mueran los impíos! Jura y te dejaré en libertad. ¡Blasfema de tu Cristo!" A lo que Policarpo replicó: "Ochenta años hace que sirvo a Cristo y jamás recibí mal alguno de él. ¿Cómo puedo blasfemar de mi Rey, mi Salvador? Escucha mi terminante y pública confesión: soy cristiano."

Intercambiadas algunas palabras más, declaró el procónsul: "Tengo fieras salvajes a mi disposición: mandaré que te arrojen a ellas, si no cedes." "Que vengan", replicó Policarpo. "Si no temes las fieras y permaneces obstinado, te haré quemar en una hoguera." A lo que respondió Policarpo: "Me amenazas con un fuego que arde unos momentos y luego se apaga. Y es que no conoces el fuego del juicio venidero y del castigo eterno que les espera a los impíos. Mas ¿en qué te detienes? Haz conmigo lo que ya tienes pensado." Al decir esto, un resplandor celestial iluminó su rostro, dicen las Actas.

Inmediatamente mandó el procónsul a un pregonero anunciar por tres veces en la arena: "Policarpo ha confesado ser cristiano." Y comenzó la multitud a gritar, pidiendo al director de los juegos públicos que arrojara a Policarpo a las garras de un león. El director respondió que no podía porque no era el tiempo de los juegos. Entonces, dicen las Actas, todos gritaron pidiendo que fuese quemado vivo. La multitud salió corriendo en busca de leña, en lo que los ayudaron especialmente los judíos allí presentes. Cuando la pira estuvo preparada, el mismo Policarpo se quitó el manto, desatando luego el cinturón y las sandalias.

Le colocaron en medio de la leña preparada. Cuando quisieron atarlo dijo: "Dejadlo así, porque el que dio el querer me dará también el poder para que, sin necesidad de que me atéis y sujetéis, tenga valor para resistir el fuego." Le sujetaron entonces sólo las manos en la espalda. Así, en esa postura, cual cordero victimal, nos dicen las Actas que pronunció esta oración: "Oh Padre de tu amado y bendito Hijo, Jesucristo, que nos has hecho la gracia de conocerte, oh Dios de los ángeles y de las dominaciones, y de toda la creación y de toda la familia de los justos que viven en tu presencia, yo te bendigo por haberme tenido por digno de participar en el coro de los mártires del cáliz de tu Hijo, para resucitar en cuerpo y alma en la incorruptibilidad del espíritu a nueva y eterna vida. Ojalá pueda yo ser hoy recibido ante su divino acatamiento como preciosa y grata hostia en el número de tus mártires. Porque tú, infalible y fiel Dios, tú primero anunciaste y consumaste este sacrificio. Por todo te doy alabanzas y acciones de gracias y te bendigo por medio de Jesucristo, el Pontífice eterno, tu amado Hijo, por el cual a ti, junto con él mismo y el Espíritu Santo, sea la gloria ahora y en lo futuro, por los siglos de los siglos. Amén."

Pronunciado el Amén por Policarpo, continúa el texto de las Actas, encendieron la hoguera. "Al levantarse las llamas hasta el cielo, se vio formaban como un arco, imitando las velas de una nave, rodeando el cuerpo del mártir, como de un muro de protección." Su cuerpo brillaba como el oro y la plata pasados por el crisol. Además, un olor como de incienso y mirra o de algún otro perfume precioso alejaba todo mal olor a quemado. Al ver que el fuego no hacía efecto en aquel cuerpo, mandaron al que habitualmente se encargaba en los juegos de dar el golpe de gracia a los hombres y bestias heridos, que se acercara a Policarpo y le clavara un puñal en el pecho. Así lo hizo, y salió de la herida tal cantidad de sangre, que apagó la hoguera.

Los judíos le solicitaron al procónsul que no entregara el cuerpo de Policarpo a los cristianos. Si lo entregaba, le dijeron, los cristianos abandonarían al Crucificado, para comenzar a dar culto a Policarpo. "Ignoraban –dicen las Actas–, que los cristianos jamás podemos abandonar a Cristo, que por nuestros pecados se dignó padecer tanto, ni dirigir a ningún otro nuestras oraciones. Porque a éste le adoramos y le damos culto como a Hijo de Dios, y honramos a sus mártires en cuanto que son discípulos fieles y abnegados soldados de su Rey y Maestro."

Tal es la historia del martirio de San Policarpo, escrita fielmente el año 156.

En los años 177-178 estalló una terrible persecución en Lyon. No pocos cristianos apostataron por temor a los tormentos y la muerte. Pero fueron también muchos los que perseveraron en la fidelidad a Cristo. Entre ellos, el obispo del lugar, *Fotino*, y también una admirable esclava llamada *Blandina*. Las Actas relatan lo siguiente de Fotino:

Entretanto fue preso el bienaventurado Fotino, que regía la Iglesia de Lyon. Estaba a la sazón enfermo y contaba más de noventa años. Como apenas podía sostenerse y respirar, a causa de sus dolencias, aunque el deseo de martirio le inspirase nuevo ardor, fue preciso llevarlo al tribunal. Su edad caduca y la virulencia de su enfermedad habían ciertamente aniquilado ya su cuerpo; pero su alma permanecía aún ligada a él para servir de triunfo a Jesucristo. Mientras los soldados lo conducían, era seguido de los magistrados de la ciudad y de todo el pueblo, que gritaban contra él, como si hubiese sido el Cristo mismo. Entonces el venerable anciano dio glorioso testimonio de la verdad. Habiéndole preguntado el presidente cuál era el Dios de los cristianos, respondió: «Si eres digno de él, ya le conocerás.» Inmediatamente fue agobiado de golpes, sin respeto alguno a su avanzada edad. Los que estaban cerca, le herían con puñadas y puntapiés; los más lejanos le arrojaban cuanto encontraban a mano. Todos se hubieran creído culpables de gran crimen si no se hubieran esforzado por insultarle, por vengar el honor de los dioses. El santo obispo fue arrojado medio muerto en la prisión, y expiró dos días después, como un buen pastor que era en vida, combatiendo a la cabeza de su rebaño.

A propósito de Blandina, joven esclava de Lyon, las Actas narran lo siguiente:

La bienaventurada Blandina, la última de todos [sus compañeros de martirio], cual generosa madre que ha animado a sus hijos y los ha enviado por delante victoriosamente al rey, recorrió por sí misma todos los combates de sus hijos y se apresuraba a seguirlos, jubilosa y exultante ante su próxima partida, como si estuviera convidada a un banquete de bodas y no condenada a las fieras. Después de los azotes, tras las dentelladas de las fieras, tras el fuego, fue, finalmente, encerrada en una red y arrojada ante un toro bravo, que la lanzó varias veces a lo alto. Mas ella no se daba ya cuenta de nada de lo que ocurría, por su esperanza y aun anticipo de los bienes de la fe, absorta en íntima conversación con Cristo. También ésta fue al fin degollada. Los mismos paganos reconocían que jamás habían conocido una mujer que hubiera soportado tantos y tan grandes suplicios.

Se nos conserva asimismo el relato del martirio de un grupo de mártires de Cartago, en el norte de África. Fue el año 180. Parece casi un informe oficial, lo que valora su autenticidad.

En Cartago, bajo el segundo consulado de Presente y el primero de Claudiano, el 16 de las calendas de agosto comparecieron en la sala de audiencias Sperato, Natzalo, Cittino, Donata, Secunda y Vestia.

El procónsul Saturnino empezó el interrogatorio:

Saturnino. –Podéis obtener el perdón del Emperador, nuestro señor, si volvéis a mejores sentimientos.

Sperato. –No hemos hecho nada malo ni cometido injusticia. No hemos deseado mal a nadie. E incluso hemos respondido con bendiciones cuando se nos maltrataba. Somos, pues, fieles súbditos de nuestro Emperador.

Saturnino. –Estamos conformes. Pero tenemos una religión y debéis observarla. Juramos por la divinidad imperial y rezamos por la salvación del Emperador. Como veis, es una religión muy sencilla.

Sperato. –Os ruego que me escuchéis y os revelaré un misterio de sencillez.

Saturnino. –Y nos explicarás una religión que insulta a la nuestra. No quiero oírte. Jura antes por la divinidad del Emperador.

Sperato. –No conozco al Emperador divinizado de este mundo, y prefiero servir a Dios, al que nadie ha visto ni puede ver con sus ojos de carne. Y si no soy ladrón, y si pago la tasa de mis compras, es porque conozco a mi Señor, Rey de Reyes y Emperador de todos los pueblos.

Saturnino (a los demás). –¡Abandonad esas creencias!

Sperato. –Las creencias son malas cuando llevan al crimen y al perjurio.

Saturnino (a los demás). –No compartáis su locura.

Cittino. –No tememos a nadie, si no es al Señor nuestro Dios que está en el cielo.

Donata. –Respetamos al César como lo merece. Pero no tememos más que a Dios.

Vestia. –Soy cristiana.

Secunda. –También yo soy cristiana y quiero seguir siéndolo.

Saturnino (a Sperato). –¿Persistes en seguir llamándote cristiano?

Sperato. –Soy cristiano.

Y todos hicieron la misma declaración.

Saturnino. –¿Queréis tiempo para reflexionar?

Sperato. –Decisión tan prudente no se discute.

Saturnino. –¿Qué hay en ese cofrecillo?

Sperato. –Los libros santos y las cartas de Pablo, un justo.

Saturnino. –Tomaos un plazo de treinta días. Reflexionad.

Sperato. –Soy cristiano.

Y todos repitieron lo mismo.

Entonces el procónsul Saturnino leyó su sentencia sobre la tablilla:

–Sperato, Cittino, Natzalo, Donata, Vestia, Secunda y todos los demás confesaron que vivían conforme a las prácticas cristianas. Les ofrecimos que volvieran a la religión romana y se obstinaron en rehusar. Les condenamos, pues, a perecer por la espada.

Sperato. –Damos gracias a Dios.

Natzalo. –Hoy, mártires, estaremos en el Cielo. Gracias a Dios.

El procónsul Saturnino hizo proclamar allí mismo al heraldo:

–Ordeno que se conduzca al suplicio a Sperato, Natzalo, Cittino, Veturio, Félix, Aquilino, Lactancio, Januaria, Generosa, Vestia, Donata y Secunda.

Todos dijeron. –Gracias a Dios.

Estos martirios no podían dejar de impresionar a los espectadores. Los cristianos se sentían fortalecidos. Los paganos, incluidos los mismos magistrados, se conmovían al contemplar tan terribles sufrimientos. Con frecuencia las Actas nos hablan de verdugos convertidos, lo que reafirma el dogma de la comunión de los santos y el poder redentor de la sangre.

En la misma Cartago, el año 202 sufrieron el martirio dos chicas de 22 años, *Perpetua*, de noble nacimiento, y su esclava *Felícitas*, que estaba encinta cuando la arrestaron, dando a luz antes de morir en la arena. Citemos tan sólo una parte de estas Actas, cuando la misma Perpetua relata las tentativas de su padre por librarla de la muerte:

> De allí a unos días se corrió el rumor de que íbamos a ser interrogados. Vino también de la ciudad mi padre, consumido de pena, y se acercó a mí con intención de convencerme, y me dijo: «Compadécete, hija mía, de mis canas; compadécete de tu padre, si es que merezco ser llamado por ti con el nombre de padre. Si con estas manos te he llevado hasta esa flor de tu edad, si te he preferido a todos tus hermanos, no me entregues al oprobio de los hombres. Mira a tus hermanos; mira a tu madre y a tu tía materna; mira a tu hijito, que no ha de poder sobrevivirte. Depón tus ánimos, no nos aniquiles a todos, pues ninguno de nosotros podrá hablar libremente si a ti te pasa algo.» Así hablaba como padre, llevado de su piedad, al tiempo que me besaba las manos y se arrojaba a mis pies y me llamaba, entre lágrimas, no ya su hija, sino su señora. Y yo estaba transida de dolor por el caso de mi padre, pues era el único en toda mi familia que no había de alegrarse de mi martirio. Y traté de animarlo diciéndole: «Allá en el estrado sucederá lo que Dios quisiere; pues has de saber que no estamos puestos en nuestro poder, sino en el de Dios.» Y se retiró de mi lado sumido de tristeza.

Otro día, mientras estábamos comiendo, se nos arrebató súbitamente para ser interrogados, y llegamos al foro o plaza pública. Inmediatamente se corrió la voz por los alrededores de la plaza, y se congregó una muchedumbre inmensa. Subimos al estrado. Interrogados todos los demás, confesaron su fe. Por fin me llegó a mí también el turno. Y de pronto apareció mi padre con mi hijito en los brazos y me arrancó del estrado, suplicándome: «Compadécete del niño chiquito.» El procurador Hilariano, que había recibido a la sazón el *ius gladii*, o poder de vida y muerte, en lugar del procónsul difunto Minucio Timiniano, dijo: «Ten consideración a las canas de tu padre; ten consideración a la tierna edad del niño. Sacrifica por la salud de los emperadores.» Yo respondí: «No sacrifico.» Hilariano dijo: «¿Luego eres cristiana?» Yo respondí: «Sí, soy cristiana.» Y como mi padre se mantenía firme en su intento de convencerme, Hilariano dio orden de que se le echara de allí, y aun le dieron de palos. Yo sentí los golpes de mi padre como si a mí misma me hubieran apaleado. Así me dolí también por su infortunada vejez. Entonces Hilariano pronunció sentencia contra todos nosotros, condenándonos a las fieras. Y bajamos jubilosos a la cárcel.

Relatemos ahora el martirio del gran San Cipriano, el jefe del África cristiana, durante el gobierno del emperador Valeriano. "Tú sabes –le dijo el magistrado– que los santísimos emperadores han ordenado que sacrifiques." "Sí –respondió el obispo–, pero no lo haré." "Ten cuidado, reflexiona." Quizás el procónsul hubiera continuado en ese tono semiamenazador, semiconciliatorio, más contrariado que feroz, pero el mártir le quitó la palabra: "Haz, pues, lo que se te ha ordenado, pues en un asunto tan sencillo, verdaderamente que no hay necesidad de deliberación." El pagano, a regañadientes, escribió: "Ordenamos que Tascio Cipriano sea degollado." "¡Gracias a Dios!, respondió simplemente. La ejecución fue en el 258. Los mismos paganos, impresionados por la actitud del obispo, que, sereno y radiante, murmuraba sus plegarias, no profirieron ni un grito de hostilidad contra él. Cuando llegó al lugar señalado, se despojó de su manto rojo, se arrodilló y prosternó en tierra. Luego se levantó, se quitó la dalmática, entregándosela a sus diáconos, y, en túnica, esperó de pie al verdugo. Cuando éste llegó, después de saludarlo ordenó a quienes le acompañaban que le entregasen veinticinco monedas de oro por su tarea, luego se arrodilló, se vendó él mismo los ojos, le pidió a su diácono y a su subdiácono que le atasen las manos, y tendió el cuello a la espada del verdugo. Delante de él los fieles habían extendido toallas y sábanas para que no se perdiese en la arena una gota de sangre tan preciosa. Por la noche vinieron a recoger el cuerpo y le dieron digna sepultura.

Entre las víctimas de la misma persecución de Valeriano, pero en las Galias, hacia el año 260, encontramos a *Patroclo*, hombre de la aristocracia. Citado ante las autoridades e interrogado sobre el Dios que adoraba, respondió: "Yo adoro al Dios vivo que habita en las alturas del cielo, y que dirige sus miradas sobre cuanto existe en la tierra." Aureliano, que así se llamaba el que lo interrogaba, le dijo: "Renuncia a esa locura, y adora a nuestros dioses, que pueden colmarte de honores y riquezas." Patroclo respondió: "No conozco otro Dios que aquel que ha hecho la tierra, el cielo, el mar y todo lo que en ellos se encierra." Aureliano le replicó: "Prueba lo que dices." "Lo que yo digo es verdad, pero la mentira odia la verdad." Aureliano lo amenazó: "Te entregaré el fuego hasta que inmoles a los dioses." A lo que respondió Patroclo: "Yo me inmolo como una hostia viva a aquel que por la gloria de su nombre se ha dignado llamarme al martirio." Aureliano le hizo cargar de cadenas enrojecidas al fuego, y le envió a la prisión. Tres días después le hizo sacar. Los sufrimientos habían comunicado nuevo valor al santo mártir. Habló con más firmeza todavía, y amenazó con penas eternas a su juez, que no habiendo podido obligarle a adorar a Apolo, Júpiter y Diana, le condenó a ser decapitado. El santo fue conducido al suplicio a las orillas del Sena. Le cortaron la cabeza.

Durante la terrible persecución de Decio, Esmirna, que conservaba el recuerdo de su santo pastor Policarpo, fue duramente castigada. Uno de los elegidos fue el sacerdote *Pionio*, detenido con un grupo de amigos. Lo llevaron ante el cuidador del templo, encargado de verificar las creencias religiosas de los sospechosos. Aquí pareció como si fuera él, el cristiano, quien dirigiera el asunto. Tomó la palabra, mirando hacia la multitud. A los griegos les citó a Homero, que declaraba sacrílego el burlarse de los que iban a morir, y a los judíos les opuso textos de Salomón y de Moisés, señalándoles a todos la iniquidad que cometían al perseguir al cristianismo, lo que les merecería próximos castigos. Estuvo tan humano, tan categórico y conmovedor a la vez, que algunos de los presentes exclamaron: "¡Eres un valiente, Pionio! ¡Eres honrado y bueno! ¡Eres digno de vivir! ¡Sacrifica! ¡No te obstines, Pionio! ¡Mira que la vida es dulce y la luz es bella!" A lo cual respondió el héroe con estas magníficas palabras: "¡Sí, ya sé que la vida es dulce, pero nosotros esperamos otra vida! ¡Sí, la luz es bella, pero nosotros soñamos con tener la verdadera luz!" Nada pudo hacer desviar al sencillo sacerdote de su conducta intrépida. Y como el pagano que lo interrogaba, pareciera vacilar, trastabillando en sus argumentos, Pionio zanjó: "Tu consigna es convencer o castigar. No me puedes convencer, ¡castíganos entonces!" Él mismo fue así quien se condenó a muerte, pidiendo que, antes de morir, fuese arrojado en el peor de los calabozos para poder rezar sin que lo molestasen. Cuando le llegó el momento de los suplicios, sin ayuda de nadie se tendió sobre el caballete, donde lo desgarraron con garfios de hierro. Nada le hizo claudicar, ni siquiera el mensaje que le envió su propio obispo, demasiado débil o demasiado astuto, para incitarlo a que sacrificase a los ídolos. Por fin lo condenaron a ser quemado vivo. Se dirigió entonces al centro del estadio, se quitó sus vestidos, se apoyó contra el poste y ordenó a los verdugos que lo clavasen en él. Cuando las llamas lo estaban envolviendo, gritó, con lo que le quedaba de fuerza: "¡Tengo apuro de morir para despertarme cuanto antes en la resurrección!"

Hemos relatado diversos martirios. Fue, sin duda, la respuesta más adecuada a las persecuciones. La Iglesia, en sus mejores miembros, perdió su vida para salvarla. Bien ha señalado Daniel-Rops que el martirio no fue solamente un hecho político, consecuencia lógica del conflicto entre una doctrina trascendentalista y el orden establecido. Fue el elemento fundamental de la primitiva Iglesia, un acto sacramental. Los mártires se sabían imitadores de Cristo, los que completaban lo que falta a la pasión de Cristo. Tal fue la idea-fuerza en aquellas horas en que la posibilidad del martirio se había generalizado. Recuérdese aquella frase de San Ignacio, cuando anhelaba ser trigo molido para convertirse en pan blanco de Dios. Para la primitiva Iglesia el mártir era el santo por antonomasia. Por eso, cuando se cerró la época de las persecuciones, San Juan Crisóstomo exclamaría con no disimulada nostalgia: "Oí decir a nuestros padres que era antaño, en los tiempos de las persecuciones, cuando había verdaderos cristianos." De ahí que fuesen tan venerados en su tiempo. Y en los casos en que habían escapado a la muerte, pero podían mostrar en sus cuerpos la huella de las heridas recibidas, se les reservaba un puesto en la jerarquía y en la administración de las comunidades.

Pronto los cuerpos de los mártires se convirtieron en objeto de un culto especial. Fue la primera forma del culto de los santos. Al término del relato de la pasión de San Policarpo se lee: "Recogimos sus huesos, de mayor valor que las piedras preciosas, más estimados que el oro, y los depositamos en un lugar que fuera digno de ellos. Allí es, en la medida de lo posible, donde, con la ayuda del Señor, nos reuniremos para celebrar alborozados el aniversario de este día en que, por el martirio, Policarpo nació a Dios." Se estableció entonces el uso de celebrar el Santo Sacrificio de la Misa sobre los cuerpos de los mártires. La costumbre ulterior de colocar reliquias en los altares fue la consecuencia exacta de aquella venerable costumbre. En la antigua oración sobre las ofrendas del jueves de la tercera semana de cuaresma se reza: "En memoria de la muerte preciosa de los justos, te ofrecemos, Señor, este sacrificio que fue principio de todo martirio."

Los verdaderos vencedores en este conflicto de tres siglos fueron los mártires. Fueron ellos quienes derramaron el precio de la sangre para lograr el triunfo del Evangelio. Tertuliano llegó a dirigir a los perseguidores, que calificaban de "secta" al cristianismo, estas desafiantes palabras: "¡No destruiréis nuestra secta! ¡Sabedlo bien: cuando creeis que la herís, la fortificáis! El público se inquieta al ver tanto valor. Y cuando un hombre ha reconocido la verdad, ya es de los nuestros." Por eso la Iglesia gustó llamar a los mártires: *victorum genus optimum*, raza preclara de vencedores. El mismo Tertuliano dejó grabada para siempre aquella su tan conocida expresión: "La sangre de los mártires es semilla de cristianos."

Las Actas que relataban el modo y las circunstancias del martirio de estos héroes de la fe, se leyeron desde antiguo en las iglesias, durante los actos litúrgicos que conmemoraban el aniversario de su heroica muerte. Generaciones enteras de cristianos se han sentido enardecidos al recuerdo de las "gestas de los mártires", gestas que en la Edad

Media los constructores de catedrales dejaron esculpidas en los relieves y recordadas en los vitraux que todavía hoy podemos admirar. Por desgracia, los fieles de nuestro tiempo conocen demasiado poco esas joyas de la corona cristiana.

En esta aterradora tempestad de la historia que duró más de tres siglos y sacudió a la nave de Pedro casi hasta sumergirla, la Iglesia supo responder con una doble apologética, la de los Padres defensores de la fe, a través del testimonio de la palabra, y la de los mártires, mediante el testimonio de su sangre. La inteligencia y la voluntad de la Iglesia se tensaron. La lucidez de los apologistas y el coraje de los mártires superaron la terrible encrucijada.

IV. El último remezón y el triunfo de Teodosio

Sin embargo, con Constantino no terminó del todo la historia de las persecuciones romanas. ¿Quién hubiera sospechado que uno de sus parientes habría de caer en la herejía y hacer tanto daño a la Iglesia? Pero vayamos por orden. Constantino se había mudado a Constantinopla, la ciudad por él fundada, la nueva Roma, como se la llamaba. Al morir, sus tres hijos se dividieron el Imperio, hasta que quedó sólo Constancio, principal sostén del arrianismo, herejía a que nos referiremos en la próxima conferencia. Muerto sin hijos, fue proclamado Emperador su pariente *Juliano*, sobrino de Constantino, el año 361. Con Juliano rebrotaría una vez más –la última– el viejo paganismo del Imperio Romano, para derrumbarse tras él de manera definitiva. Juliano fue llamado "el apóstata", el renegado, porque después de haber sido educado cristianamente en Constantinopla, su ciudad natal, si bien hay que advertir que el cristianismo lo conoció a través de la herejía arriana, cayó después bajo la influencia de los paganos, que supieron explotar su vanidad, usando con él de toda clase de adulaciones, mientras le hacían creer el viejo cuento de que la espantosa disgregación del mundo antiguo era culpa del cristianismo. En su corazón ya no era cristiano. Incluso se había hecho iniciar en los misterios de Mitra, como después lo haría en los de Eleusis. Durante casi diez años mantuvo oculto su cambio de religión, hasta que un día decidió desembarazarse públicamente de lo que había sido la fe de su infancia: "Leí, comprendí, rechacé", dijo.

Su llegada al trono se señaló por un regreso ofensivo del paganismo. Juliano se sentía el hombre providencialmente llamado a procurar la restauración de la antigua religión romana. Tiempo hacía que los paganos habían depositado en él sus esperanzas, que quedaron colmadas cuando Juliano, que antes había sido César en las Galias, hizo su entrada en Constantinopla, el año 361, y allí fue proclamado Emperador. Celebró entonces con ostentación un taurobolio, conforme al rito iniciático de algunas religiones orientales, consistente en recibir sobre su cuerpo la sangre de un toro sacrificado para ese efecto. Con ello quería purificarse de los restos que le quedaban de la religión cristiana. A la manera de Voltaire se convertiría en un adepto confeso de la fe en los dioses helénicos, animado por un fervor caso místico. Desde entonces toda su actividad se dirigió a un doble objetivo: la restauración del paganismo y la destrucción del cristianismo.

El lábaro, que Constantino había ornado con los símbolos cristianos, fue reemplazado por las viejas insignias paganas; en las monedas volvieron a figurar efigies de los antiguos dioses; se reabrieron los templos paganos todavía existentes y se reconstruyeron los que habían sido derribados; el Estado se hizo oficialmente pagano. Pero Juliano era demasiado inteligente para limitarse a estas medidas, más bien exteriores. No se le ocultaba que el cristianismo tenía una enorme ventaja sobre el paganismo, por su espiritualidad y su organización. Abocóse así a la restauración del sacerdocio pagano, sobre lo que se expresó más circunstanciadamente en dos cartas que envió a los sumos sacerdotes de Galacia y de Asia. Asimismo reflotó la figura del *Pontifex maximus*, y resolvió que dicho título, que entre los paganos era meramente honorífico, adquiriese verdadera jurisdicción religiosa y doctrinal, resolviendo ejercerlo él mismo en persona. A cada provincia del Imperio se le asignaría un sumo sacerdote local y una suma sacerdotisa para el culto de las divinidades femeninas, a los cuales estarían subordinados los sacerdotes y sacerdotisas de las ciudades y santuarios; las más de las veces éstos fueron neoplatónicos o sofistas, sin que faltase tampoco entre ellos algún obispo católico renegado. En los templos tendrían que predicar la doctrina de la fe pagana y practicar cuidadosamente los ritos cultuales, dotándolos de un nuevo esplendor. Durante su estancia en Constantinopla, Juliano ofrecería el sacrificio diario en el santuario de Mitra por él edificado; en las ciudades que visitaba acudía a los templos y se ofrecía prontamente a oficiar como sacerdote. Ni desdeñó tomar algunas prácticas del cristianismo, por ejemplo la costumbre de cantar himnos en honor de los dioses por coros de niños, la enseñanza religiosa en los templos, la introducción de una especie de confesión, y hasta algunas formas de vida monástica. También dotó a su paganismo con instituciones de caridad, erigiendo hospicios y albergues de ancianos. Quería que el paganismo no fuera en nada inferior al cristianismo.

Por una ley en el campo educativo dispuso que en adelante todos los nombramientos de maestros y profesores de los institutos de enseñanza debían ser aprobados por el Emperador. Es inadmisible, se decía, que un maestro explique a Homero, Hesíodo, Herodoto, Demóstenes, etc., sin venerar a los dioses en que éstos creían; quien pensara que ellos erraban, se añadía con sarcasmo, podía irse a la iglesia de los "galileos", y escuchar allí explicaciones sobre Mateo y Lucas. Con ello quedaba prácticamente vedado a los cristianos el acceso a la formación clásica, que seguía gozando de gran predicamento, al tiempo que se los excluía de las cátedras y de cualquier posibilidad de ejercer la docencia. Su religión debía convertirse poco a poco en la religión de los incultos. Asimismo se impidió a los cristianos el acceso a los cargos superiores de la función pública, así como a la guardia imperial y a las filas del ejército, ya que la moral cristiana, según se decía irónicamente, es pacifista y prohíbe llevar la espada.

Para mejor dejar en claro sus intenciones, el Emperador se propuso expresar por escrito las razones de su odio al cristianismo. En su obra *Los Césares, o el banquete* se burla tanto del bautismo y de la penitencia como de la figura misma de Cristo, con mucha mayor virulencia que los anteriores polemistas paganos. En otro trabajo, llamado *Contra los galileos*, reunió todas las objeciones posibles a la execrada religión. Si bien su persecución no fue sangrienta, sino más bien cultural, lo que no obsta a que cayeran varios cristianos a quienes la Iglesia consideró mártires, quedando impunes los autores de dichos crímenes, hacia el fin de su gobierno, según parece con gran probabilidad, estaba meditando la conveniencia de emprender una persecución cruenta contra el cristianismo.

Como puede verse, Juliano se propuso retornar a las condiciones que imperaban en tiempos de Diocleciano. Asimismo, para evidenciar mejor su inquina a los cristianos, se mostró complaciente con los judíos; en orden a demostrar que la profecía de Cristo sobre la destrucción de Jerusalén no se cumplía, mandó reconstruir el templo de esa ciudad, lo que de hecho no tuvo tiempo de llevar a cabo. Luego de casi tres años de gobierno se vio envuelto en una guerra desastrosa con los persas, que estaban penetrando decididamente en el territorio de Imperio. Derrotado por el rey Sapor, y cuando se batía en retirada, fue alcanzado por una flecha, que le causó la muerte. Era el año 363, y tenía 32 años de edad. No tardó la leyenda en pintar de dos modos esta muerte. Según la primera, se habría dirigido al dios Sol, muy venerado por él: "Helios, ¡me has abandonado!", le dijo. La otra versión pone en boca del Emperador moribundo estas palabras: "¡Venciste, Galileo!" Sea lo que fuere, esta persecución, la postrera, fue por su brevedad una tormenta de verano, y casi no dejó rastros. Conforme a su deseo, Juliano fue sepultado en Tarso, ciudad natal de San Pablo.

No sería correcto pensar que con las restricciones que puso Constantino el paganismo, desapareció éste rápidamente del Imperio. Si queremos calibrar lo que representaba todavía en la sociedad romana nos será útil evocar un episodio bien sintomático. En la sala del Senado, sita en el Foro Romano, una imagen presidía las reuniones de la ilustre asamblea desde tiempos inmemoriales. Era la *estatua de la Victoria*, que constituía algo así como el símbolo del paganismo, el emblema de su supervivencia. El emperador Constancio la había hecho retirar en el 357. Poco después, por decisión de Juliano, la volvieron a colocar en su sitio. Pasados unos veinte años, el emperador Graciano, con motivo de su acceso al trono, la hizo quitar nuevamente. Pero como poco después murió asesinado, los paganos aseguraron que aquello había sido venganza de los dioses, y dado que varios de ellos ocupaban altos puestos, aprovechándose de la juventud del nuevo emperador Valentiniano II, hicieron abrogar las medidas contra la *dea Victoria*, que pareció estar a punto de recuperar su antiguo lugar en la curia senatorial. Estalló entonces un debate entre Símaco, prefecto de la ciudad de Roma, y San Ambrosio, obispo de Milán. Símaco escribió un elocuente memorial en defensa de la "dea Victoria", pidiendo que respetasen la avanzada edad de Roma, sus tradiciones más sagradas, y esa religión "que había sometido al mundo a sus leyes y rechazado a Aníbal de sus puertas". Ambrosio, por su parte, pronunció un célebre discurso y luego escribió un tratado donde respondía al memorial de Símaco. Allí se decía que los senadores cristianos tenían derecho a que sus miradas no se ensuciasen con la visión de un ídolo, ni sus oídos con los cánticos en su honor. La protesta fue tan vehemente, que el Emperador le dio curso. La estatua acabó por desaparecer. Hoy se la puede encontrar en un museo de Roma.

Llegamos así al término de esta secular aventura que corrió la Iglesia primitiva. Quien tuvo la gloria de haber zanjado definitivamente el tema de las relaciones del cristianismo con el Imperio Romano fue el emperador *Teodosio*, que gobernaba ya desde el 379 como Emperador en la parte oriental del Imperio, y en el 394 entró triunfalmente en Roma, donde fue proclamado único Emperador, estableciendo su sede en Milán. Teodosio era español, nacido en Galicia, de una familia aristocrática. Los dos consejeros que más escuchaba fueron San Ambrosio, con quien mantuvo relaciones de verdadera amistad, y San Dámaso, español también él, el más notable Papa de este siglo. Teodosio llevó hasta sus últimas consecuencias las medidas de Constantino, declarando el cristianismo como religión oficial del Imperio Romano. Fue en Tesalónica, el año 380, donde promulgó su edicto: "Todos nuestros pueblos deben adherirse a la fe transmitida a los romanos por el apóstol Pedro y profesada por el pontífice Dámaso y el obispo Pedro de Alejandría, es decir, reconocer la Santa Trinidad del Padre, del Hijo y del Espíritu Santo." Una sola fe, un solo Imperio. Los adversarios del cristianismo pasaban a ser enemigos del Estado. Un cúmulo de textos jurídicos se sucedieron: prohibición de sacrificios a los ídolos, clausura de sus templos... Símaco, que se trasladó a Milán para protestar, fue expulsado de la presencia de Teodosio, como si fuera un servidor infiel. El Emperador introdujo asimismo en el derecho no pocos principios evangélicos: leyes contra la usura, contra el tráfico de niños abandonados, contra el adulterio y los vicios contranatura. El conjunto constituyó un código, el llamado *Código teodosiano*.

Quisiéramos cerrar este apartado enalteciendo una figura eminente de la época de Teodosio, a quien ya hemos nombrado de paso, la figura de *San Ambrosio*, ya que fue él quien mejor encarnó el cristianismo del siglo IV en todos sus aspectos. Nació en Tréveris, donde su padre ejercía la prefectura de las Galias. Tras la muerte de éste se trasladó a Roma para estudiar retórica y ejercer la abogacía. Si bien a los treinta años todavía no había recibido el bautismo, su carrera civil y política parecía auspiciosa. Pronto fue nombrado "cónsul" de Liguria y Emilia, con residencia en Milán. Sin duda que el joven funcionario, que en estos momentos era catecúmeno, debió mostrar excelentes cualidades. Dios se valdría de su prestigio para fines superiores. Vacante la sede de Milán por la muerte de un obispo arriano, la pugna entre católicos y herejes se había enardecido. Ante el cariz tumultuoso que iban tomando los acontecimientos, Ambrosio, en su calidad de alto magistrado, se dirigió al lugar de sesiones para serenar los espíritus. Apenas llegó, se oyó de entre la multitud el grito de un niño: "¡Elegid obispo a Ambrosio!" Si bien, como dijimos, aún era catecúmeno, debió someterse al clamor del pueblo. Tenía cuarenta años y gobernaría durante veinticuatro, hasta su muerte. Pocos hombres han juntado tantas cualidades. Orador lleno de facundia y de ardor, incansable escritor sobre temas tan variados como la Escritura, la virginidad, los sacramentos, los salmos, promotor del canto sagrado y autor de numerosos himnos que aún hoy se rezan en el Oficio divino... Pero no queremos dejar de destacar un elemento fundamental de su personalidad, el que mejor lo relaciona con el tema que nos ocupa. Tanto por sus orígenes, como por su formación y por la carrera administrativa que había recorrido antes de su elección como obispo, Ambrosio es un típico romano tradicional, el heredero perfecto de lo mejor que habían dejado por herencia las generaciones que forjaron la grandeza del espíritu latino. Él era perfectamente consciente de dicha filiación y pertenencia. Impregnado de cultura clásica, ferviente admirador de Virgilio, discípulo aventajado de Cicerón, nunca pensó en renegar de sus ancestros una vez que se hubo convertido y les siguió siendo leal a lo largo de toda su vida.

La extraordinaria importancia de Ambrosio reside en su peculiaridad de ser un hombre de transición, bien arraigado al pasado, por una parte, pero cuya acción se proyectó decididamente hacia el futuro. Fue fiel a Roma, sí, pero no a la Roma pagana, no a la Roma de los ídolos. A ella se opuso con indisimulado rigor, según lo demostró en aquel incidente de la estatua de la Victoria. La verdadera Roma era la Roma cristianizada, transformada por el Evangelio. Véanse si no estas típicas palabras que dirigió a Graciano, en una ocasión en que el Emperador marchaba a la batalla: "¡Ve, bajo la protección de la fe! ¡Ve, ceñido de la espada del Espíritu Santo! ¡Ya no son las águilas militares ni el vuelo de los pájaros quienes guían tus tropas, sino el nombre de tu Señor, Jesús, y tu fidelidad!" El cristianismo no era a sus ojos un ingrediente más del Imperio. Era su alma.

Fue San Ambrosio el guía religioso en este difícil período de la historia. Su amistad en el emperador Teodosio le permitió ejercer sobre él una benéfica influencia, sin abdicar jamás de su autoridad espiritual. "Si los reyes pecan –decía–, los obispos no deben dejar de corregirlos con justas reprensiones." Y también: "En materia de fe, corresponde a los obispos juzgar a los emperadores cristianos, y no a los emperadores juzgar a los obispos." Tal fue la doctrina que aplicó en el episodio que había de perdurar como el más conocido de su vida y que tiene carácter de símbolo. En agosto del 390 estalló en Tesalónica un motín por motivos banales, en que resultó muerto el comandante militar que representaba al Imperio. Teodosio, indignado, se propuso hacer un grave y generalizado escarmiento. Enterado Ambrosio de ello, logró calmar al Emperador. Pero luego éste, influido por algunos consejeros que temían nuevas insurrecciones si el Emperador daba muestras de debilidad, dio órdenes severísimas de represión. No se sabe exactamente cómo fue. El historiador Rufino asegura que se hizo reunir al pueblo en el circo y allí se pasó por la espada una gran multitud, entre los cuales, sin duda, muchos inocentes. Esta crueldad de un príncipe cristiano causó escándalo. Ambrosio se irritó sobremanera y excomulgó al Emperador, un gesto realmente atrevido. Pero enseguida, en carta privada, llena de paternal afecto, le pidió que reconociera su falta, asegurándole que si se arrepentía, sería absuelto y readmitido a la comunión. Teodosio, apoyado por algunos cortesanos, resistió durante un mes. Mas al fin cedió. Y así, en la noche de Navidad del 390 pudo verse cómo el Emperador más poderoso del mundo, despojándose de sus vestiduras imperiales y revistiendo la humilde túnica de los penitentes públicos, mostró su arrepentimiento en la plaza de Milán. A través del gran obispo, era el triunfo de la Iglesia.

V. La asunción de los grandes valores del Imperio

Vayamos dando término a esta conferencia. Hemos visto en la anterior cómo, según el designio de Dios, el pueblo judío había sido elegido para que desde sus entrañas brotase el Mesías, de modo que luego lo reconociesen como tal, y desde allí su conocimiento llegase a todas las naciones. Cuando efectivamente el Verbo se hizo carne, dicho pueblo se negó a aceptarlo, estallando así la primera gran tormenta en la historia de la Iglesia. También en el caso que ahora nos ocupa, es muy probable que Dios, desde toda la eternidad, haya querido suscitar el Imperio Romano para que, desde el campo de los gentiles, aceptase la buena nueva y se convirtiese en el pueblo que llevase la fe a todos los habitantes del Imperio. Sin embargo, en vez de hacer suyo tan noble cometido, prefirió ver en la Iglesia un contrincante, y la combatió durante tres siglos. Tal fue la segunda encrucijada o borrasca por la que tuvo que pasar la nave de Pedro.

Pero así como de la revelación veterotestamentaria, a pesar de la obcecación del pueblo elegido la Iglesia extrajo tanto para su doctrina, de manera semejante también ahora, una vez desaparecida la animosidad del Imperio, supo asumir los grandes valores que a través de él Dios le ofrecía.

La Roma equivocada era la Roma pagana, la que había perseguido a los cristianos, pero podía concebirse otra Roma, una Roma rescatada, también ella, por la sangre de Cristo. De hecho Roma le brindó a la Iglesia muchos de sus logros. Uno de los más importantes se realizó en el campo de la cultura. El uso común de una sola lengua, el griego al comienzo, y luego el latín, le permitió a la Iglesia expresar mejor su catolicidad, pudiendo llegar hasta los confines del Imperio. Pero por sobre todo lo que se produjo fue un auténtico trasvasamiento cultural, que ya comenzó a realizarse incluso en el tiempo de las persecuciones, puesto que la Iglesia debió servirse de la cultura antigua para refutar las objeciones de sus adversarios. Roma estaba impregnada de la cultura griega. No en vano había escrito Horacio: "La Grecia conquistada conquistó a su fiero vencedor." Ya en el siglo III, los grandes Padres de la escuela alejandrina afirmaron que la cultura antigua podía servir a la gloria de Dios. Para Clemente había tres Testamentos: el judío, de la Antigua Alianza, el nuevo, del Evangelio, y la filosofía griega. "¿Quién es Platón –decía atrevidamente– sino Moisés que habla en griego?" San Gregorio Taumaturgo, por su parte, también del siglo III, afirmaba: "Debemos escuchar con todas nuestras fuerzas todos los textos de los antiguos filósofos o poetas, para extraer de ellos los medios de profundizar, de reforzar y de propagar el conocimiento de la verdad." Cuando terminó el combate entre el cristianismo y el mundo antiguo, todos los pensadores cristianos mostraron el deseo, consciente o no, de que la entera cultura antigua desembocase en el océano de Cristo.

El desarrollo de la cultura cristiana en modo alguno implicó, así, una ruptura con la cultura antigua. ¿Cómo Prudencio no iba a sentir cariño por sus antecesores, los líricos latinos, a los que tanto debía? ¿Cómo Ambrosio no iba a considerarse descendiente de aquel Virgilio cuyos poemas sabía de memoria, o de aquel Cicerón al que imitaba? ¿Acaso la arquitectura de los nuevos templos no utilizó la forma de los edificios paganos?

Fuera del ámbito de la cultura, el Imperio puso al servicio del Evangelio varios de sus logros políticos. Las *circunscripciones de la administración pública*, por ejemplo, constituyeron el ámbito de las diócesis creadas por la Iglesia. También el *derecho romano* sería asumido y transfigurado por el cristianismo. Roma le legó asimismo a la Iglesia su magnífica *red de caminos*, que cubría Galia, España, Dalmacia, Grecia, Egipto, África, Asia Menor, uniendo en un haz todas las regiones del Imperio. Sin duda que al multiplicar sus caminos, lo que el Imperio perseguía eran finalidades políticas y económicas, pero de hecho ello facilitó no poco la transmisión del mensaje evangélico. De este modo muchas tareas seculares de los romanos colaboraron, sin saberlo, a la propagación de la Buena Nueva.

Por eso los cristianos, a pesar de tantas persecuciones, nunca dejaron de venerar la grandeza del Imperio. Numerosos son los testimonios de ello. Ya en el año 220 pudo escribir Orígenes: "Queriendo Dios que todas las naciones estuviesen dispuestas para recibir la doctrina de Cristo, su Providencia las sometió todas al Emperador de Roma". Pero fue sobre todo Prudencio quien cantó este carácter propedéutico de la romanidad. De ahí su indignación cuando veía que algunos atacaban sin tapujos la grandeza de Roma: "Yo no admito que se denigre el nombre romano y las guerras que costaron tanto sudor y los honores adquiridos a costa de tanta sangre. ¡Yo no tolero que se ultraje la gloria de Roma!". San Jerónimo, por su parte, cuando se enteró que la capital del Imperio había sido ocupada y saqueada por los bárbaros, señaló que "había llegado el tiempo de llorar". Fue para consolar de este dolor que San Agustín escribió una de sus obras cumbres, *De Civitate Dei*.

Hubo, pues, una conmovedora fidelidad, especialmente perceptible en los cristianos del siglo IV. Una fidelidad creadora, por cierto, que miró al pasado pero con los ojos puestos en el porvenir. "¡Oh Cristo –había implorado Prudencio–, concede a los romanos la conversión de su ciudad. ¡Haz que Rómulo llegue a ser fiel y que Numa abrace la fe!... ¡Oh noble ciudad, tiéndete conmigo en el Santo Sepulcro! ¡Mañana seguirás en todo a los resucitados!" Su plegaria se vería atendida, como él mismo lo confiesa: "¡Las luces del Senado besan los pies de los Apóstoles; el *pontifex*, ceñido antaño con banda, hace la señal de la Cruz, y Claudia, la vestal, ha entrado en la Iglesia!" En otro lugar así nos explica su teoría: "¿Cuál es el secreto del destino histórico de Roma? Es que Dios quiere la unidad del género humano, puesto que la religión de Cristo pide un fundamento social de paz y de amistad internacionales. Toda la tierra, del Oriente y del Occidente, ha sido desgarrada hasta aquí por una continua lucha. Para domeñar esa locura, Dios ha enseñado a todas las naciones a obedecer a las mismas leyes y las ha hecho a todas romanas. Y ahora vemos vivir a los hombres como ciudadanos de una sola ciudad y como miembros de una misma familia. A través de los mares y desde los países lejanos vienen a un *forum* que les es común: las naciones se hallan unidas por el comercio, la civilización y los matrimonios;

y de la mezcla de los pueblos ha nacido una sola raza. He aquí el sentido de las victorias y de los triunfos del Imperio: la *pax romana* ha preparado el camino de la venida de Cristo."

San León Magno, que desde el siglo V vio las cosas con mayor distancia, nos ha dejado un texto que no tiene desperdicio, y que resume magistralmente lo dicho hasta acá. Este Papa, de un espíritu aristocráticamente romano, hubiera podido exclamar con orgullo, como lo hizo San Pablo: "*civis romanus sum*", soy ciudadano romano. Por eso se gozaba en destacar ante sus fieles el papel providencial que le tocó cumplir a Roma. Estaba en los planes de Dios la existencia de un gran Imperio, el de la Roma pagana, que asociase en su seno a todos los pueblos del orbe, y que fuese luego convertido por Pedro. El texto es de particular interés:

Para extender por todo el mundo todos los efectos de gracia tan inefable, preparó la divina Providencia el Imperio Romano, que de tal modo extendió sus fronteras, que asoció a sí las gentes de todo el orbe. De este modo halló la predicación general fácil acceso a todos los pueblos unidos por el régimen de una misma ciudad. Pero esta ciudad, desconociendo al autor de su encumbramiento, mientras dominaba en casi todas las naciones, servía a los errores de todas, y creía haber alcanzado un gran nivel religioso al no rechazar ninguna falsedad. Así, cuanto con más fuerza la tenía aherrojada el diablo, tanto más admirablemente la libertó Cristo.

Cuando los doce apóstoles se distribuyeron las partes del mundo para predicar el Evangelio, el santísimo Pedro, príncipe del orden apostólico, fue destinado a la capital del Imperio Romano, para que la luz de la verdad, revelada para la salvación de todas las naciones, se derramase más eficazmente desde la misma cabeza por todo el cuerpo del mundo. Pues ¿de qué raza no había entonces hombres en esta ciudad? ¿O qué pueblos podían ignorar lo que Roma aprendiese? Aquí había que refutar las teorías de la falsa filosofía, aquí deshacer las necedades de la sabiduría terrena, aquí destruir la impiedad de todos los sacrificios, aquí, donde con diligentísima superstición se había ido reuniendo todo cuanto habían inventado los diferentes errores.

A esta ciudad, tú, beatísimo apóstol Pedro, no temes venir con tu compañero de gloria, el apóstol Pablo, ocupado aún en organizar las otras iglesias; te metes en esta selva de bestias rugientes y caminas por este océano de turbulentos abismos con más tranquilidad que sobre el mar sosegado (cf. Mt 14, 30), a ti, que en la casa de Caifás temblaste ante la criada del sacerdote, ya no te arredra Roma, la señora del mundo. ¿Y por qué habías de temer a los que has recibido el encargo de amar?

Si Roma es grande, prosigue diciendo el gran Papa, más que a Rómulo y Remo se lo debe a estos segundos fundadores, los que la convirtieron en ciudad santa, los que le dieron un nuevo imperio espiritual sobre todas las naciones:

Porque ellos son, oh Roma, los dos héroes que hicieron resplandecer a tus ojos el Evangelio de Cristo, y por ellos, tú, que eras maestra del error, te convertiste en discípula de la verdad (*quae eras magistra erroris, facta es discipula veritatis*). He ahí tus padres y tus verdaderos pastores, los cuales, para introducirte en el reino espiritual, supieron fundarte mucho mejor y más felizmente que los que se tomaron el trabajo de echar los primeros fundamentos de tus murallas, uno de los cuales, aquel de quien procede el nombre que llevas, te manchó con la muerte de su hermano. He ahí a esos dos apóstoles que te elevaron a tal grado de gloria, que te has convertido en la nación santa, en el pueblo escogido, en la ciudad sacerdotal y real y, por la cátedra sagrada del bienaventurado Pedro, en la capital del mundo; de modo que la supremacía que te viene de la religión divina, se extiende más allá de lo que jamás alcanzaste con tu dominación terrenal. Sin duda que con tus innumerables victorias robusteciste y extendiste tu imperio tanto sobre la tierra como por el mar. Sin embargo, debes menos conquistas al arte de la guerra que súbditos te ha procurado la paz cristiana.

Roma había cambiado. Como escribe Daniel-Rops: "Un nuevo personal empuñaba las riendas abandonadas por el antiguo [Imperio], ya caduco, y este personal era cristiano. Todo lo que sobrevivía del mundo antiguo había sido transustanciado, transfigurado por la concepción del mundo según el Evangelio."

* * *

Tal fue la terrible tormenta que tuvo que sortear la nave de Pedro, la de las persecuciones romanas. Y lo supo hacer con hidalguía. Hasta nosotros ha llegado un texto admirable, que fue compuesto justamente al término de esta encrucijada de la historia. Es el *Te Deum*, canto de triunfo de la Iglesia, atribuido a San Ambrosio:

> A ti, Dios, alabamos,
> a ti, Señor, confesamos.
> A ti, eterno Padre,
> venera toda la tierra.
> A ti todos los ángeles,
> a ti los cielos y todas las potestades...
>
> A ti el coro glorioso de los apóstoles,
> a ti la multitud admirable de los profetas,
> a ti el blanco ejército de los mártires,
> cantan tu gloria.
>
> A ti la santa Iglesia
> exultante en todo el orbe te confiesa.

EL ARRIANISMO

EN la anterior conferencia nos hemos referido a la gran tempestad que sacudió la barca de Pedro cuando el Imperio Romano creyó ver en ella un adversario mortal y se aprestó a erradicarla de su tejido social. La presente disertación estará dedicada a la consideración de una tragedia que afectó seriamente a la Iglesia en el siglo IV, es decir, después que Constantino hiciese las paces con ella mediante el llamado "edicto de tolerancia".

El mundo romano se dividía por aquel entonces en dos grandes partes. La mitad oriental, que tenía por lengua oficial el griego y se gobernaba desde Constantinopla, comprendía Egipto, África del norte hasta Cirene, la costa oriental del Mediterráneo y del Adriático, los Balcanes, Grecia, Asia Menor y Siria hasta el Éufrates. La parte occidental abarcaba España, Galia, el sur de Inglaterra, Italia, Panonia y buena parte del norte de África.

I. Aparición del arrianismo

Durante todo el siglo III, la Iglesia había tenido que luchar contra una herejía llamada "monarquianismo", o también "sabelianismo", por su fundador Sabelio. Sus cultores sostenían que Dios era una unidad absoluta, que se manifiesta de diversas maneras, como Padre en la creación, como Hijo en la encarnación, y como Espíritu Santo en la obra de la santificación del hombre. Al insistir tanto en la unidad de Dios, quedaba cuestionada si no destruida la distinción de personas. El Verbo no era una persona distinta sino el mismo Padre en una de sus formas. Al enfrentar este error, algunos se fueron al otro extremo, distinguiendo tanto el Verbo del Padre, que aquél quedaba como inferior a éste. El Hijo, decían, está subordinado al Padre, por lo que esta doctrina se llamó "subordinacionismo".

Hemos de señalar que en aquellos tiempos se destacaban dos grandes escuelas teológicas. La primera, que era la escuela de Antioquía, insistía en la humanidad de Cristo más que en su divinidad; la segunda, la escuela de Alejandría, resaltaba la divinidad de Cristo más que su humanidad. Ambas escuelas hubieran podido ser plenamente aceptables si sólo se hubiesen limitado a una enfatización dentro del misterio del Verbo encarnado, viendo en Él más al hombre o más a Dios, pero sin negar que fuese a la vez Dios verdadero y hombre verdadero. Desgraciadamente hubo en las dos escuelas quienes exageraron el énfasis, acabando en herejía.

1. La herejía de Arrio

Pues bien, Arrio, que procedía de la escuela de Antioquía, fue uno de esos últimos. Este personaje nació en Libia, el año 256, y se educó teológicamente en la escuela de Antioquía, considerándose discípulo del fundador de dicha escuela, que había creado entre sus alumnos lazos de verdadera amistad. De allí pasó a Alejandría, que era por aquel entonces una de las ciudades más importantes y cultas del Imperio, donde el obispo Alejandro lo ordenó de sacerdote, encargándole la atención pastoral de una parroquia de la ciudad. A partir del año 318 empezó a predicar y enseñar una doctrina peculiar sobre el Logos o Verbo y su relación con el Padre. Cuando el obispo se enteró de ello, no consideró que se tratase de algo preocupante; sin embargo lo invitó a un diálogo con un grupo de teólogos. Allí Arrio expuso, delante del obispo, que en su opinión "el Hijo de Dios había sido creado del no-ser, que había habido un tiempo en que no existía, que en su voluntad tenían cabida tanto el mal como la virtud, y que era una creatura, algo hecho". Los teólogos allí presentes se opusieron frontalmente a dicha opinión, afirmando que el Hijo no había sido creado sino que era eterno como el Padre, verdadero Dios, de su misma sustancia.

Explicitemos mejor el pensamiento de Arrio, ya que es el protagonista negativo de toda esta cuestión. Si Sabelio había tendido a una fusión indebida entre el Padre y el Hijo, Arrio los separaba, también de manera indebida. Influido por el platonismo, trataba de explicar el misterio de la generación del Verbo recurriendo a la teoría de la subordinación, con lo que el elemento divino de Cristo quedaba disminuido, y Cristo mismo rebajado al nivel de las creaturas. Quizás también sufrió el influjo de las teorías gnósticas, que impregnaban el clima intelectual de Alejandría, donde se hablaba de una jerarquía y gradación de eones o seres divinos, según lo explicamos en la conferencia anterior. No en vano Atanasio le echaría en cara su dependencia del sistema gnóstico.

Pues bien, para salvaguardar los privilegios del Padre, único no engendrado, único sin principio, único eterno, Arrio afirmaba que Él era el comienzo de todos los seres, incluido su propio Hijo, que "no es eterno, ni coeterno al Padre, ni increado como Él, porque del Padre ha recibido la vida y el ser". Es cierto que fue engendrado antes de todos los tiempos, prosigue Arrio, pero no por ello es menos creado. Y traía a colación un texto de la Escritura, al cual volvería una y otra vez: "El Señor me creó, primicia de su camino, antes que sus obras más antiguas" (Prov 8, 22), el versículo "arriano" por excelencia. No es, en consecuencia, Dios, sino una creatura divina, y por ende inferior al Padre, si bien de ningún modo comparable con el resto de los seres creados. Según el cardenal Newman, en su excelente libro sobre nuestro tema, al que llamó *Los arrianos del siglo IV*, tuvieron especial influjo en la aparición de la nueva herejía algunos sectores del judaísmo, o mejor, del judeo-cristianismo, con su visión temporalista del Mesías, razón por la cual luego no restarían su apoyo a las posiciones arrianas.

Resumiendo la doctrina arriana: 1) El Verbo comenzó a existir; de otra manera no habría en Dios monarquía, sino diarquía (dos principios). 2) El Verbo no es engendrado de la sustancia del Padre; ha sido sacado de la nada, por la voluntad del Padre, en orden a que le sirviera de instrumento para crear el mundo. 3) Por tanto, el Verbo no es de la misma naturaleza que el Padre, es diverso de la divina esencia. 4) Habiendo sido creado, su voluntad es capaz tanto del mal como del bien, no es inmutable ni impecable.

No obstante estos principios, que rebajaban el Verbo al nivel de las criaturas, ponderaba Arrio, según hacen los herejes de todos los tiempos, las excelencias de Cristo, como para cubrirse de las obvias críticas que su afirmación suscitaría. No es Dios, es un hombre, decía, pero un gran hombre, un hombre eximio. Su dignidad es la más alta después de Dios. Como primogénito de las creaturas, está por encima de todo lo creado. En el curso de su vida llegó a un grado de virtud tal que mereció el título de Dios. Es "divino", aunque no sea Dios. Pera ilustrar esto recurría a diversos textos de la Escritura, no sólo a aquél de Prov 8, 22, sino también a citas del Evangelio donde pareciera mostrarse cierta inferioridad del Hijo respecto al Padre.

Cuando el obispo Alejandro conoció bien lo que se escondía tras esta doctrina, entendió que trastornaba por completo el dogma cristiano, renovando aquella opinión gnóstica del demiurgo, es decir, de un ser intermedio entre Dios y la creación, él también creado. Por lo demás, tanto el Evangelio como el mismo cristianismo quedaban destruidos, pues si el Verbo no era Dios, Cristo no hubiera podido redimir al mundo. Si el Verbo no es el Hijo de Dios, ¿cómo al encarnarse hubiera podido realizar la redención de la humanidad? Si todo el cristianismo se puede resumir en aquella frase que nos ha dejado Atanasio, quien sería el gran adversario del arrianismo: "Dios se hace hombre para que el hombre se haga Dios por la gracia", ¿cómo un hombre, por eximio que fuese, hubiera podido elevar a los hombres a la participación de la vida divina? Toda la piedad del pueblo alejandrino se amamantaba en aquella doctrina mística del descenso de Dios y del ascenso del hombre, inspirada en San Juan y San Ignacio de Antioquía.

El error de Arrio no sólo era gravísimo sino que, para colmo, resultaba atrayente. El mismo Arrio era cautivante. Su inteligencia y su capacidad para convencer atraían a la gente, sobre todo en los círculos intelectuales. Ello hacía el error más peligroso. Porque en verdad el arrianismo no era sino una racionalización del misterio fundamental de nuestra fe: el misterio de la Encarnación, al tiempo que una rebelión contra ese dogma, y, de paso, contra todo el orden sobrenatural. La doctrina de la Iglesia se mostró clara desde el principio. Cristo fue, sin duda, un hombre como nosotros, semejante en todo menos en el pecado, tal cual lo reconocieron sus mismos contemporáneos. Pero también era Dios, no meramente un hombre divinizado. Era plenamente Dios y plenamente hombre. Como ello resulta incomprensible a la razón, fácilmente se tiende a racionalizarlo. El arrianismo no podía concebir la unión de lo Infinito con lo finito, del Dios omnipotente y del ser humano limitado. Entonces sólo quedaba reconocer que Cristo había sido un gran hombre, merecedor de honor y de gloria, pero que no tenía la plena naturaleza de la divinidad. Se le concedían atributos divinos, pero no la divinidad. El arrianismo, repitámoslo, es un error típicamente racionalista, brotado de la pretensión de querer ver clara y sencillamente algo que está más allá del alcance de la comprensión humana.

Por eso decíamos que era un error fácilmente aceptable por el elemento "pensante" de la sociedad, que siempre tiende a racionalizar el misterio, acabando por destruirlo. También los errores de Arrio fueron bien vistos por no pocas mujeres piadosas, ya que Arrio no les disgustaba, mostrándose como un hombre austero, un asceta. En lo que toca al pueblo sencillo, por lo general más refractario al racionalismo, Arrio llegó hasta él, según nos lo refiere un contemporáneo suyo, recurriendo a una estratagema consistente en vulgarizar su ideario teológico en versos populares y cantos sencillos, que entonaban marineros, molineros y caminantes, según la profesión de cada uno, en orden a ganar a los ignorantes por el atractivo de la melodía. Atanasio diría que este hombre quiso hacer un coro contra el Salvador. No deja de ser curioso para nosotros que la gente sencilla cante ortodoxias o herejías. Ahora suele preferirse otro tipo de cantos. Pero en aquellos tiempos, más interesados que nosotros por los grandes problemas, la gente común se sentía atraída por las discusiones teológicas. San Gregorio de Nyssa cuenta que los cambistas del mercado, si se les preguntaba por el valor de una moneda, respondían con una disertación sobre el engendrado y el no-engendrado; entras en casa de un panadero: el Padre, te dice, es mayor que el Hijo; en las termas preguntas si el baño está preparado: te responden que el Hijo ha nacido de la nada.

Estamos, así, en presencia de una herejía que buscaba llegar al mayor número de personas posible. Ya en la conferencia anterior hemos hablado varias veces de herejías. Antes de seguir adelante quizás convenga precisar mejor lo que es realmente una "herejía". Esta palabra tiene hoy un sentido muy general y vaporoso, porque como dice Belloc, "el espíritu moderno es tan enemigo de la precisión en las ideas como enamorado de la precisión en las medidas". Herejía es la dislocación de una construcción mental bien estructurada, mediante un recorte de alguna de sus partes esenciales. Belloc pone el ejemplo del sistema de Newton, cuyas diversas afirmaciones sobre la función de la materia, y en particular la ley de gravedad, no son asertos aislados, de los cuales puede negarse alguno sin que ello afecte a los demás; si se modifica alguna de esas partes, la construcción entera queda desarticulada. Algo así sucede con la herejía. La palabra, que proviene del verbo griego *haireo*, primero significó "tomo" o "me apodero de", y luego significó "quito". Eso es la herejía: apoderarse de algo del sistema cristiano, quitarle algo, negarle algo, llenándose después el hueco con alguna afirmación nueva. La negación de un sistema en su totalidad no sería propiamente herejía, ni tendría la fuerza de una herejía. Es de la esencia de la herejía dejar en pie gran parte de la estructura que ataca, lo que hace que siga siendo atrayente. En nuestro caso, Arrio "elige" una parte de nuestra fe: Cristo es verdadero hombre, y "quita" otra: Cristo es verdadero Dios, supliendo esta segunda parte por una afirmación menguada: Cristo es divino, sin que por ello sea Dios, con lo que la fe queda destruida.

Hemos dicho que Alejandro, el obispo de Alejandría, trató primero de atraer a Arrio por las buenas. Al ver que éste se obstinaba, lo depuso de su cargo de párroco y lo excomulgó, juntamente con todos sus partidarios, entre los cuales se contaban varios diáconos de Alejandría así como dos obispos de Egipto. Si Alejandro creyó que con esas medidas el arrianismo pasaría a diluirse, convirtiéndose en una secta más, se equivocaba de medio a medio. Arrio no estaba dispuesto a reconocer su exclusión de la Iglesia. Quería permanecer en ella y hacer triunfar su idea desde las entrañas mismas de la Iglesia. Siguió, pues, ejerciendo su ministerio, mientras buscaba apoyo en obispos de Siria y Asia Menor, algunos de los cuales habían sido condiscípulos suyos, como el influyente Eusebio, pariente lejano del Emperador, y obispo de la capital del Imperio, que era por aquel entonces la ciudad de Nicomedia. Cuando Alejandro se enteró de estos contactos con miembros del episcopado, se resolvió a proceder con más energía, convocando un sínodo de obispos egipcios, al que asistieron unos cien, donde se resolvió que Arrio y sus adeptos quedasen excluidos de la Iglesia por causa de su "herejía que ataca a Cristo". Alejandro se dirigió luego a todos los obispos de la Iglesia, en un documento donde les comunicaba las decisiones tomadas por el sínodo. Tras una breve exposición de las tesis arrianas, se procedía a su refutación. La circular contenía una alusión personal a Eusebio de Nicomedia, lo que revela que Alejandro no ignoraba quién sería el adversario principal en esta contienda teológica, ya inevitable. No se equivocaba el obispo de Alejandría. Pronto Eusebio se mostrará ardiente propagandista de las tesis del hereje.

Expulsado de Alejandría, Arrio se dirigió a Palestina y después a Nicomedia, para encontrarse con su alto protector. Desde allí escribió una carta a Alejandro, donde aparentaba ponerse de acuerdo con él. Fue entonces cuando compuso su principal obra literaria, parte en prosa y parte en verso, bajo el título de *Thalia*, "El Festín", así como aquellos cantos para viajeros y artesanos, a que aludimos más arriba. Supo también ganarse el apoyo de sus antiguos condiscípulos de la escuela de Antioquía, y, lo que fue decisivo, de otro importante obispo, Eusebio de Cesarea, el autor de la primera historia eclesiástica, quien le escribió en los siguientes términos: "Tú piensas bien. Ruega para que todos piensen como tú, porque es evidente que lo que ha sido hecho [se refiere al Verbo] no era antes de existir". Este segundo Eusebio lo apoyaría luego ampliamente.

Desde entonces todo el Oriente entró en erupción. De Nicomedia y de Alejandría partían cartas, con expresiones contradictorias, destinadas a que los obispos estuviesen informados y tomasen posición. Alejandro escribió no menos de setenta. Nicomedia, donde se había alojado el sacerdote alejandrino, se convirtió en el foco de la propaganda arriana. Su obispo Eusebio, hábil y ambicioso diplomático, dirigía la operación. En carta circular a todos los obispos les pedía que readmitiesen en la Iglesia a los expulsados de su comunión porque, decía, no eran herejes sino ortodoxos. Especialmente presionaba sobre Alejandro, para que obrase de la misma manera, pero éste se mantuvo en su posición y pasó a la contraofensiva, asegurando, también él en cartas a los obispos, que Arrio y los suyos eran agitadores, que despreciando la tradición apostólica, a ejemplo de los judíos, llevaban adelante la lucha contra Cristo y negaban su divinidad. De manera más detallada informó de todo al papa Silvestre, que estaba en Roma. Ante un espectáculo semejante, tanto los paganos como los judíos se mostraban felices al contemplar la división de los cristianos. Arrio, por fin, pudo volver a Alejandría, sin temor a su prelado.

2. La actitud de Constantino y el Concilio de Nicea

Mientras tanto el emperador Constantino, dueño ahora también del Oriente, se dirigió a Nicomedia, donde se enteró por el obispo Eusebio de las controversias que agitaban a Egipto. Lo que más él anhelaba era la unión de todos sus súbditos en una misma religión, así como había logrado la unidad política del Imperio. Por eso no dejó de preocuparle esta división doctrinal que se manifestaba cada vez con mayor virulencia en el Oriente, y así

se decidió a intervenir en el asunto, a la manera
de un mediador, en orden a lograr la reconciliación
de los dos bandos. En la mentalidad simplista de
Constantino, se trataba de discusiones de escuela,
por lo que creyó fácil una pacificación. Lo primero
que hizo fue mandar una carta a Alejandro, el patriarca de Alejandría, exhortándole a que hiciese
todo lo posible para superar aquellas divisiones.
Luego envió a Osio, obispo español de Córdoba
y consejero suyo en los asuntos religiosos, hombre
de entera confianza, con varias cartas para Alejandro y para Arrio, encareciéndoles la necesidad perentoria de ponerse prontamente de acuerdo. En
una de esas misivas, común a Alejandro y a Arrio,
se mostraba igualmente severo para con ambos
por haber levantado una polémica sobre la base
de aquel texto de Proverbios a que antes aludimos.
"No se trata entre vosotros –decía– de un mandato
esencial de la Ley, ni se introduce un dogma nuevo
sobre el culto de Dios. Vosotros tenéis un solo y
mismo sentimiento, entonces podéis fácilmente entrar en comunión. Ved cómo todos los filósofos de
una misma secta, a pesar de sus diferencias sobre
puntos particulares, se unen en un solo dogma.
Volved, pues, a vuestra mutua amistad".

La comparación de la Iglesia con una escuela
filosófica y la apreciación del punto crucial de la
discusión como un simple desentendimiento o pérdida de amistad, revelan la superficialidad de su
percepción de la verdadera esencia de la Iglesia y,
más aún, del significado de la figura de Cristo, así
como su desconocimiento de la verdadera situación, en la idea de que ella se podía remediar con

un mero llamado a la reconciliación de los dos contrincantes. El arrianismo no era para él sino una vana disputa de palabras. Y la paz del Imperio valía mil veces más que esas sutilezas. No se daba cuenta que detrás de las palabras lo que estaba en juego era, simplemente, la supervivencia misma del cristianismo.

Al llegar el obispo Osio a Alejandría y entablar las primeras conversaciones, entendió rápidamente que el camino previsto por el Emperador para la solución del litigio, que incluía la reconciliación de Arrio con su obispo y la suspensión de toda polémica pública sobre el punto en cuestión, era totalmente inviable. De hecho, no bien llegó Osio, Arrio abandonó Alejandría. Alejandro, por su parte, le pudo demostrar fácilmente al consejero religioso del Emperador que el asunto era de índole teológica y debía ser dilucidado en el campo de la doctrina. Osio debió volver a Nicomedia para informar al Emperador del fracaso de su misión. Conversando sobre ello, pronto llegaron ambos a la conclusión de que sólo había una manera de restablecer la paz de la Iglesia, y era convocar a la totalidad del episcopado a un gran Concilio que, tras serias deliberaciones, pronunciara un fallo obligatorio en la materia disputada. Es muy probable que fuese el Emperador quien tuvo la iniciativa de dicha solución.

Dirigióse entonces Constantino a todos los obispos del Imperio, convocándolos a un Concilio. Éste se realizó, efectivamente, el año 325, en la pequeña población de Nicea, en Bitinia, no lejos de Nicomedia. Fue el primer Concilio ecuménico, que congregó a más de trescientos obispos de todo el mundo, si bien en su mayoría eran orientales. Para que asistiese el mayor número posible, Constantino había tomado todas las medidas conducentes. No sólo puso a su disposición las postas imperiales, sino que también se encargó de los gastos de viaje y de estancia en el lugar de reunión. Antes que llegase el Emperador y se abrieran las sesiones, Arrio comenzó a exponer en grupos sus ideas, que sonaron como blasfemias. El partido de los arrianos, que eran unos veintidós, tenían por jefe a Eusebio de Nicomedia, de donde les vino el nombre de "eusebianos". Los obispos católicos entendieron que si querían defender eficazmente la doctrina de la Iglesia deberían refutar los sofismas de los arrianos con un lenguaje preciso y contundente. Los arrianos decían: "El Hijo proviene de la nada", a lo que les respondían: "No, señores, el Hijo procede del Padre." "Sin duda que sí –replicaban los eusebianos–, puesto que todo viene del Padre." Como se ve, esquivaban el asunto recurriendo a expresiones ambiguas. Tampoco faltó en estos prolegómenos, así como luego en el transcurso del Concilio, el triste espectáculo de intrigas y calumnias, e incluso de panfletos anónimos. Cuando Constantino se enteró de ello, tras hacerlos conocer a los interesados, los hizo quemar delante de ellos, al tiempo que exhortó a los obispos a mantener la armonía, dedicándose de lleno a la misión que los había llevado a Nicea.

La sesión de apertura se realizó en mayo del 325, con extraordinaria solemnidad. Como la iglesia del pueblo de Nicea era demasiado pequeña para los actos del Concilio, el Emperador puso su propio palacio de la ciudad a disposición de los obispos durante todo el tiempo que durasen las sesiones. La inauguración fue en la gran sala del palacio imperial. Los prelados ocuparon sus puestos a ambos lados del recinto, aguardando con expectación la llegada del Emperador, para quien se había reservado un sillón dorado. Gran impresión causó el ingreso de Constantino, entonces en el apogeo de su juventud y de su poder, vestido de púrpura y radiante de júbilo por el éxito de la asamblea, que él consideraba como el símbolo de la unidad religiosa del Imperio. Uno de los obispos pronunció una breve salutación, y luego el Emperador tomó la palabra para dirigirles una alocución en latín, exhortándolos a que tomasen las medidas necesarias para asegurar la unión doctrinal. De esta manera, como entonces se dijo, cumplía el principio de ser "el obispo de las cosas de fuera", mientras dejaba a los Padres del Concilio que ejercieran su cargo de "obispos de adentro".

La asamblea era verdaderamente venerable por la calidad de sus miembros. Hallábanse entre ellos algunos confesores de las últimas persecuciones, que podían exhibir las cicatrices recibidas o los miembros mutilados. Otros eran célebres en razón de su santidad, su sabiduría o su erudición, como el venerable patriarca de Alejandría, San Alejandro, a quien escoltaba su infatigable diácono Atanasio, joven todavía, pero que sería, ya desde entonces, el alma del movimiento antiarriano. Es cierto que, siendo diácono, no podía éste participar directamente en las sesiones del Concilio, pero por su intensa actuación como perito de su obispo y de muchos que lo escuchaban, se iba convirtiendo en el blanco del odio de los arrianos. También Arrio estaba presente, pero tampoco él, por no ser obispo, tomó parte en las sesiones; sin embargo se lo encontraba con frecuencia "en los corredores", orientando a sus partidarios, entre los cuales los dos Eusebios, el de Nicomedia y el de Cesarea. Este último logró granjearse el favor de Constantino, lo que luego sabría explotar con notable habilidad. El Occidente latino tuvo escasa representación; más de un obispo de zonas remotas, como África, las Galias, Italia o Inglaterra, se han de haber abstenido por las distancias, a pesar del sostén imperial. El principal de ellos era Osio de Córdoba, hombre de confianza del Emperador, aunque también probablemente representante del Papa, que encabezaba siempre la lista de los obispos.

Ya desde las primeras sesiones se comenzaron a mostrar las diversas tendencias relativas al punto crucial: la doctrina sobre el Verbo. Unos insistían en los puntos básicos de la doctrina católica, la unidad de la esencia divina, la divinidad del Verbo y su distinción del Padre. Otros, en cambio, sin dejar de confesar la divinidad de Cristo, lo hacían con términos que favorecían las opiniones subordinacionistas, como si en alguna manera el Hijo fuese inferior al Padre. Finalmente, los seguidores de Arrio, unos veintidós obispos, expresaban claramente su opinión de que el Verbo era una creatura del Padre, y distinto de él en la esencia. La inmensa mayoría estaba decidida a proceder enérgicamente contra tales novedades.

Eusebio de Cesarea propuso un Credo donde se decía que el Hijo era Dios de Dios, luz de luz, primogénito entre todas las creaturas. Como se trataba de una fórmula suficientemente ambigua, Arrio la encontró apta para emplearla en favor de sus opiniones. Pero la mayoría de los Padres quiso cerrar el paso a cualquier tipo de anfibología, recurriendo a un vocablo que mejor expresara la doctrina católica sobre el Verbo. Fue la célebre palabra *homousion*, consustancial, probablemente propuesta por Osio de Córdoba, con lo que quedaba a salvo tanto la distinción personal del Hijo y del Padre, como su identidad de sustancia. Esta fórmula, tan lejana de todo equívoco, sería en adelante algo así como el santo y seña en todas las discusiones con los herejes y la piedra de toque de la ortodoxia católica.

En base a la palabra *homousion*, se compuso un Credo, el *símbolo de Nicea*, donde se resume la doctrina católica sobre el Verbo: "*genitum, non factum, consubstantialem Patri*", engendrado, no creado, consustancial al Padre. La cláusula final contenía un claro repudio de la teología arriana, según se proclamó allí mismo de manera taxativa: "A aquellos que dicen «Hubo un tiempo en que no fue» y «Antes de ser, no era», y «fue hecho de la nada», o a los que afirman que el Hijo de Dios es de otra sustancia o de otra esencia, o que ha sido creado, o está sujeto a cambio o mutación, a éstos los anatematiza la Iglesia católica y apostólica." Esta exclusión de la Iglesia afectó en un principio sólo a Arrio y a dos obispos amigos suyos, ya que fuera de ellos, todos los demás, aunque en su corazón fuesen arrianos, suscribieron el símbolo. No en vano el Emperador, que hizo suyo el texto, había comunicado que quienes lo rechazasen serían desterrados. A ello, sin duda, se debe el que la mayoría de los amigos de Arrio, incluido el mismo Eusebio de Nicomedia, lo firmaran sin chistar. Ya llegaría el momento de la revancha.

Sin duda fue para Arrio un trago amargo verse así abandonado por sus mismos amigos. Es cierto que él sabía que obispos como Eusebio de Nicomedia estaban totalmente de su lado, pero no podían expresarlo exteriormente, por temor al Emperador. En adelante realizarían un trabajo de zapa tendiente a ir desacreditando ante Constantino a los defensores del Concilio niceno. Pero dicha maniobra sería a largo plazo. Mientras tanto, Arrio fue desterrado, al tiempo que prohibieron sus escritos y los de sus adeptos.

El Emperador clausuró el Concilio con toda la pompa posible. Dicho acto coincidió con la celebración de los veinte años de su gobierno, por lo que ofreció a los padres conciliares un espléndido banquete en su palacio de Nicomedia, donde les hizo entrega de ricos presentes. Antes de que los obispos se retirasen, los reunió una vez más, y los exhortó a "seguir conservando la paz entre sí y a evitar querellas de competencias". Poco después dirigió un pormenorizado informe del Concilio a la Iglesia, asegurando a los fieles que se habían analizado con seriedad todas las grandes cuestiones, lográndose por fin la homogeneidad en la fe. En un escrito especial a la comunidad de Alejandría volvía a expresar su satisfacción por el restablecimiento de la unidad de la fe y reprobaba una vez más los errores de Arrio. Las decisiones del Concilio eran desde ahora leyes del Imperio.

Tal fue el resultado del Concilio de Nicea, con el triunfo más rotundo de la doctrina católica. Fue el primer acto realmente ecuménico, ya que a él habían sido invitados todos los obispos de la Iglesia, aunque éstos hubiesen acudido en variada proporción. Fue asimismo un concilio eminentemente dogmático, porque logró zanjar las divergencias con afirmaciones definitivas e irreformables. Nada quita a su legitimidad el hecho de que fuese el Emperador quien lo convocó, dado que el obispo de Roma había otorgado el asentimiento papal mediante la designación de sus delegados en la asamblea.

3. Las vacilaciones de Constantino

Al parecer, todo quedaba consumado. Pero no fue así. El concilio de Nicea no fue el fin, sino el principio de un largo debate siempre en torno a los temas suscitados por el arrianismo. Durante los diez años que siguieron a Nicea, el Emperador continuó interviniendo en las cuestiones religiosas, lo que tenía sus pro y sus contras, como se podrá ver por los sucesos ulteriores. Al comienzo, los partidarios de Arrio se llamaron por un tiempo a cuarteles de invierno, máxime al ver que Constantino no quería tolerar a nadie que se opusiera a las decisiones de Nicea, considerando a los arrianos como perturbadores del orden público. Era, simplemente, una cuestión de Estado. Pero pronto iniciaron una serie de campañas con el objeto de apartar al Emperador del lado de Nicea.

Pocos meses después de terminado el Concilio, dos de los principales obispos del partido arriano, Eusebio de Nicomedia y Teognis de Nicea, justamente el obispo de la capital del Imperio y el lugar donde se realizó el Concilio, comunicaron a Constantino que retiraban su asentimiento a la fórmula de fe de Nicea. El Emperador, que no estaba acostumbrado a desplantes de este tipo, desterró a los dos obispos a las Galias, supliéndolos por pastores fieles al Concilio.

En el año 328 murió Alejandro, obispo de Alejandría, quien sería ulteriormente canonizado. "Todo el pueblo –relatan los obispos egipcios en una carta colectiva–, toda la Iglesia católica, como a una voz y como un solo hombre, rogaba y clamaba pidiendo a Atanasio por obispo. Lo pedían a Cristo en oraciones públicas, nos insistían día y noche que lo consagrásemos, sin abandonar los templos y sin permitirnos salir de ellos. Alababan sus virtudes, su celo, su piedad, lo llamaban un verdadero cristiano, un asceta, un verdadero obispo." Quizás los prelados no experimentaban el mismo entusiasmo que su pueblo, porque dadas las dotes de paladín que caracterizaban a Atanasio temían que al elegirle se diesen un autócrata. Asimismo una parte del clero, influida por el pensamiento de Arrio, no lo miraba con buenos ojos. Sea lo que fuere, resultó designado, dando comienzo a un episcopado realmente glorioso. Año tras año visitaría hasta los últimos rincones de su gran diócesis, una de las cuatro principales del mundo, lo que contribuyó a que toda la gente ortodoxa se agrupase en torno al que desde ya comenzaron a llamar "el papa de Alejandría". Era asimismo muy apreciado por los monjes, como San Pacomio y San Antonio, a quienes desde su juventud había frecuentado. Por eso la gente lo consideraba un asceta.

Pero fue también en el mismo año 328 cuando comenzó a percibirse un cambio en la actitud de Emperador frente a los arrianos. Si bien su postura esencial con respecto a Nicea permanecía firme, empezó a mirar con mejores ojos a algunos representantes aislados de aquella corriente, como a los obispos Eusebio y Teognis, a quienes no sólo autorizó a volver del exilio sino que además les permitió ocupar nuevamente sus sedes de Nicomedia y Nicea. Sobre todo el primero de ellos, que tres años antes había sido condenado por el Emperador de la manera más severa, se fue granjeando de tal modo la audiencia y el favor de Constantino, que llegó a ocupar el puesto de Osio de Córdoba, el asesor teológico del Emperador, quien de Nicea retornó a su diócesis española.

No resulta fácil detectar las razones ocultas de dicho cambio. Se ha hablado del influjo de Constancia, la hermana del Emperador, que vivía en Nicomedia, ejerciendo notable influencia en la corte. No sólo era amiga de varios obispos arrianos sino que también tenía por director espiritual a un sacerdote de esa secta, a quien recomendó vivamente al Emperador en el momento de morir, al tiempo que imploró gracia para Arrio y los suyos. Con todo fueron principalmente los dos Eusebios quienes más influyeron en el ánimo de Constantino. El primero de ellos, Eusebio de Nicomedia, era uno de esos típicos prelados ambiciosos e intrigantes, a quien Constantino había trasladado a la sede de la residencia imperial. El segundo Eusebio, el de Cesarea de Palestina, contribuiría también al cambio de actitud del Emperador. Su cultura y su capacidad oratoria impresionaban vivamente a Constantino, lo mismo que su espíritu palaciego y acomodaticio, que huía como de la peste de todo lo que fuese enfrentamiento. Eusebio simpatizaba también con Arrio, no agradándole, por consiguiente, la tajante posición de Atanasio. Según un relato, no del todo fidedigno, ya a los comienzos del concilio de Nicea, un obispo egipcio, que había perdido un ojo en la persecución de Maximino, al ver los equilibrismos de Eusebio le dijo: "¡Tú ocupas un lugar, y juzgas al inocente Atanasio! Dime, ¿no estábamos los dos en prisión en tiempo de los tiranos? Yo perdí un ojo por la verdad, pero tú en cambio, no sufriendo ninguna mutilación no diste ningún testimonio de fe. ¿Cómo has escapado sino haciendo alguna culpable promesa, o quizás por un acto más culpable todavía?"

El hecho es que, por decisión de Constantino, había vuelto el primer Eusebio a su sede de Nicomedia, precisamente el mismo año en que Atanasio fue consagrado obispo. Como era el alma del partido arriano, desde allí se dedicó a reorganizar sus huestes y reanudar la campaña en favor de sus ideas. Es claro que aún no podía emprender una lucha abierta contra el símbolo de Nicea, ya que ello lo habría malquistado con el Emperador.

Lo que estaba realmente a su alcance era la tarea de ir desacreditando a las personalidades más destacadas de las filas ortodoxas. El primero contra quien arremetió fue el obispo Eustacio de Antioquía, uno de los jefes del grupo niceno, haciéndole creer al Emperador que era un obispo conflictivo, de dudosa moral, y que a veces se había permitido hablar mal de la madre del Emperador. Constantino, sumamente molesto, convocó un sínodo en Antioquía, sede del pastor cuestionado, donde los obispos amigos de Arrio depusieron a Eustacio, tras lo cual el Emperador lo desterró a Tracia. Con él fueron expulsados ocho obispos de la misma línea.

Viendo Eusebio a su partido considerablemente fortificado, trató de lograr que Arrio regresase a Alejandría. Lo primero que hizo fue escribirle a Atanasio para que lo llamase de nuevo, a lo que el santo obispo se negó de manera terminante. Luego, juntamente con Constancia, logró que el Emperador lo considerara a Arrio como si fuese víctima de odios personales, solicitándole que le diera una audiencia. Aceptó Constantino el pedido. Arrio se presentó en la nueva capital, y durante el primer encuentro entregó al Emperador una profesión de fe redactada en términos vagos y generales, cubierta con un barniz de ortodoxia. Sin entrar en el asunto capital de la controversia, o sea, la consustancialidad del Hijo con el Padre, rogaba al Emperador que llevase a cabo lo que él más anhelaba: el establecimiento de la unión, dejando de lado las cuestiones ociosas, a fin de que todos pudiesen juntamente dirigir a Dios las oraciones de la Iglesia por la prosperidad de Constantino y de su familia. Satisfecho con estas explicaciones, zalameras y untuosas, el Emperador le devolvió su favor. Luego se dirigió por carta a Atanasio, exigiéndole de manera conminatoria que recibiese a todos los que desearan volver a la Iglesia. "Mi voluntad –le decía– es que dejes el acceso libre a todos los que quieren entrar. Si me entero de que impides a alguien unirse a la asamblea y le cierras las puertas, te haré deponer y trasladar lejos de tu sede."

Constantino no iba por buen camino. Metiéndose en cuestiones de fe, dejándose llevar por sus aduladores, y no consultando con la legítima autoridad eclesiástica, que era el Papa, parecía ponerse cada vez más en manos de los enemigos de Nicea.

El próximo paso fue ordenarle a Atanasio algo más puntual: el reintegro de Arrio a su diócesis de origen. Atanasio se negó, así como poco antes se había rehusado a admitir a sus partidarios en la comunión católica. Su visión de las cosas era completamente diferente a la del Emperador. Constantino no tenía sino un solo deseo, el de la paz a todo trance, de donde su alergia frente a todos los que se mostrasen belicosos, cualquiera fuese al bando a que pertenecieran. Arrio había sabido tocarle su punto flaco. La negativa de Atanasio era un acto atrevido e incluso peligroso, ya que el Emperador tenía poder de vida y muerte, y la rebelión era considerada como el delito más nefando. En opinión del mundo oficial, Atanasio se iba mostrando como un hombre desaforado y extravagante, ya que el ambiente general se inclinaba a que de una vez por todas aceptara la transacción. También en este caso recurrieron los arrianos al método del desprestigio. Si hasta ahora no se ha instaurado la paz religiosa, decían, ello se debe al temperamento despótico del obispo de Alejandría, quien no vacila en apelar a medios violentos para hacer triunfar sus intereses. Incluso se llegó a decir que había hecho asesinar a un obispo cismático por no haber querido sometérsele. Cuando el Emperador ordenó examinar el asunto, apareció el supuesto difunto. Se afirmó también que había mandado azotar a otros obispos por motivos semejantes y que había profanado un cáliz. Incluso se susurró a los oídos del Emperador que tenía trato con algunos rebeldes del Imperio.

Constantino no hizo demasiado caso de estas calumnias. Lo que a él más le preocupaba era la división dentro de la Iglesia, lo que más deseaba era que no hubiesen conflictos. Se equivocaba el Emperador, ya que si es cierto que la paz es un bien, nunca será tal cuando se la alcanza a costa de la verdad. En la práctica, la política estatal fue haciendo que poco a poco disminuyese el número de hombres enérgicos, dispuestos a combatir por la ortodoxia. Los que conservaban sus puestos y obtenían los favores del Emperador eran los "moderados" y los "políticos", hombres honestos, a veces, como Eusebio de Cesarea, pero en los que un amor mal entendido de la paz o una ambición insaciable del poder hacían acallar con demasiada frecuencia la voz de la conciencia. Éstos, de hecho, siempre se inclinaban a favorecer el arrianismo, sobre todo si era mitigado.

Tantas fueron, sin embargo, las inculpaciones, siempre reiteradas, contra Atanasio que al fin lograron impresionar a Constantino, quien se decidió a tomar cartas en el asunto. Hacía poco había enviado una invitación a todos los obispos para que asistiesen a la ceremonia de consagración del Santo Sepulcro, en la ciudad de Jerusalén. Con ese motivo les pidió que se reunieran en la vecina Tiro, en orden a que de una vez por todas resolviesen "el caso Atanasio". Dicho sínodo, que se celebró el año 335, estaba tan dominado por el bando de los arrianos, que sólo admitió la presencia de adversarios del obispo de Alejandría. En lo que toca a Arrio, sobre la base de una entrevista que éste había mantenido con el Emperador el año anterior, donde el hereje le entregó una confesión de fe que escamoteaba el tema, quedando Constantino con la impresión de que al condenarlo no lo habían entendido bien, el sínodo lo declaró ortodoxo y le levantó la excomunión que había recibido en Nicea, rogando al Emperador que se le reconociera de nuevo sus derechos sacerdotales en un acto solemne. En lo que se refiere a Atanasio, como lo que buscaban era arrancar del Emperador un decreto de destierro, dejaron de momento otras acusaciones y lanzaron una nueva calumnia, que pudiese impresionar a Constantino de manera decisiva. En aquellos momentos el Imperio estaba atravesando por una grave crisis de abastecimiento. Entonces le hicieron creer que Atanasio había sobornado a un grupo de marineros egipcios, que le eran afectuosamente solidarios, para impedir que el trigo fuera transportado a Constantinopla.

El Emperador, indignado, pronunció contra Atanasio la sentencia de destierro. Sería el primero que tendría que sobrellevar en su larga carrera de atleta de la causa católica. El lugar señalado para el exilio fue la ciudad de Tréveris.

No contentos con este resonante logro, los obispos arrianos se trasladaron de Tiro a Jerusalén, donde Constantino había querido celebrar con extraordinaria pompa los treinta años de su ascensión al trono imperial, y lo colmaron de halagos. Llegando entonces al límite del atrevimiento, y Constantino al colmo de su debilidad, consiguieron que el Emperador enviara una carta a la ciudad de Alejandría, en la cual se anunciaba que, en prenda de reconciliación, retornaría a ella el mismo Arrio. Fue tal la conmoción del pueblo ante la noticia de la apoteosis del heresiarca, que se tuvo que postergar la ejecución de la orden, resolviéndose finalmente que la solemne readmisión en la Iglesia tuviera lugar en Constantinopla. Cuando Arrio se disponía a saborear su triunfo, murió de manera trágica.

Mientras tanto, Atanasio se preparaba para cumplir la orden de destierro. Las protestas se multiplicaron en Alejandría. Durante los siete años de su laborioso episcopado, había logrado aglutinar sólidamente en torno a sí todas las fuerzas ortodoxas. No solamente los obispos de la zona de Egipto se le mostraban más adictos que nunca, sino que en la misma Alejandría tanto el clero como el pueblo, y especialmente los marinos de la flota, lo veneraban como a un santo y lo respetaban como a un caudillo, sabiéndolo presto a todo para la defensa de la fe. Llegó el día y Atanasio se embarcó para Constantinopla. De allí se dirigió a Tréveris, lugar señalado para su exilio, desde donde seguiría en estrecho contacto con sus fieles, enviándoles puntualmente las cartas que solía mandar siempre con motivo de la pascua. En sus misivas a los sacerdotes les recomendaba a ellos, y por su intermedio, a todos los fieles, no temer a sus enemigos, y conservar siempre la franca parresía que había mostrado el apóstol Pablo cuando declaraba que nada podía separarlo de la caridad de Cristo. Sin ambages identificaba su causa con la de la ortodoxia y de la Iglesia. Sus adversarios eran los enemigos de Cristo. Si había sufrido, no era sino por la verdadera fe. Una y otra vez les decía a sus diocesanos que se guardasen de hacer causa común con sus perseguidores, fuesen cismáticos o arrianos. Como se ve, también aquí se cumplió aquello que decía San Pablo de que su destierro "había contribuido a la propagación del evangelio" (Fil 1, 12), ya que la presencia de Atanasio en Occidente fue altamente positiva.

Los últimos años del reinado de Constantino nos lo muestran siempre favorable a las tendencias arrianas. No que hubiese hecho suyo el ideario herético, pero los jefes de la secta lo habían convencido de que esa era la única manera de mantener la unidad y la paz en el Imperio. Como lo hemos señalado reiteradamente, tal era su aspiración suprema: la paz. Para alcanzarla, había defendido durante mucho tiempo el credo de Nicea, pero en los últimos años de su vida cambió prácticamente de trinchera, poniéndose de parte de los enemigos de Nicea, y ayudándolos en su propósito de eliminar a los principales adversarios del arrianismo. Así como antes los arrianos eran los que rompían la unidad, ahora resulta que quienes intentaban hacerlo eran los antiarrianos. Con ello no obtuvo, por cierto, la paz religiosa que tanto deseaba, sino que ahondó más los motivos de disensión.

La desviación del Emperador en las cuestiones atinentes a la doctrina católica, no disminuyó en nada al favor que siguió prestando al cristianismo, y su repudio al paganismo. Precisamente en los últimos años de su reinado, a impulsos de su madre, la emperatriz Elena, se llevaron a cabo grandes excavaciones en Jerusalén, que entonces se llamaba *Aelia Capitolina*. Después de ímprobos trabajos, encontraron bajo el templo que los romanos habían levantado en honor a Venus, el sepulcro de Cristo y el sitio de la crucifixión, en cuyas cercanías se halló la santa cruz. Entonces ordenó Constantino la erección de una magnífica basílica, la del Santo Sepulcro. No menos emocionantes y fructuosos fueron los trabajos emprendidos en Belén, también bajo la inspiración de Santa Elena, donde se hizo construir un templo sobre el lugar de la Navidad, la basílica del Nacimiento. No contento con esto, Constantino ordenó erigir una tercera basílica en el Huerto de los Olivos. Con ello se puso el fundamento de la veneración de los Santos Lugares, iniciándose así el oleaje de las grandes peregrinaciones a los parajes santificados por la presencia de Cristo y de su Madre.

A fines del 335 dividió Constantino la administración del vasto Imperio Romano entre sus tres hijos y dos sobrinos, como antaño lo había hecho Diocleciano. El año 337 celebró todavía la Pascua con gran solemnidad en Constantinopla. Pero sus fuerzas decaían. Entonces se retiró a una villa imperial, en las cercanías de Nicomedia. Allí, notando que se acercaba la muerte, hizo llamar al obispo más próximo, que no era sino el ya tan conocido Eusebio de Nicomedia, de cuyas manos recibió el bautismo en el lecho de agonía. Poco después expiró.

El juicio que debemos formarnos de Constantino es, en conjunto, favorable. Políticamente fue un gran estadista, que supo consolidar el Imperio y darle una prosperidad comparable con los mejores tiempos. En lo que toca a su actuación en el campo religioso, si prescindimos de los últimos años de su vida, fue el hombre providencial que puso término a las luchas seculares del Imperio contra la Iglesia, favoreciéndola como creyó que debía hacerlo, con espíritu magnánimo. Que Dios lo tenga en su gloria.

II. Auge y apogeo del arrianismo

El arrianismo prosperaba, acrecentándose día a día el número de sus adeptos. Antiguas familias romanas todavía paganas veían en dicha herejía una especie de revancha contra el triunfo de la Iglesia. Muchos intelectuales se sentían más cerca de un arriano que de un católico, porque aquél les hacía recordar con nostalgia el antiguo prestigio de los filósofos paganos. Asimismo el arrianismo tenía algo del encanto de la moda, constituyendo un polo de atracción para los figurones, los que querían estar al día. Otro aliado de esa herejía fue el ejército, que si bien no contaba con numerosos efectivos, en la práctica era un elemento que vertebraba el Imperio Romano. Por aquel entonces se alistaban en sus filas muchos galos, españoles, etc., es decir, guerreros pertenecientes a los grupos llamados "bárbaros", término que usaban los romanos no para calificar a los pueblos primitivos, sino a los que vivían fuera de los límites estrictos del Imperio. Muchos de ellos eran germanos, pero había también eslavos, moros, árabes. Pues bien, el ejército estuvo casi en su totalidad de parte de los arrianos, en la creencia de que arrianismo era un distintivo que los hacía superiores a los civiles, así como pasaba con los intelectuales que, al profesarlo, se sentían en un nivel más elevado que el de las multitudes. Por lo demás, la mayoría de la gente prefería seguir la tendencia de la corte, plegándose abiertamente a la nueva religión "oficial". La corte a su vez, veía en la Iglesia dependiente del Papa una especie de émulo, capaz de tomar decisiones trascendentes e imponerlas con la ayuda de organizaciones propias, no pertenecientes a las oficiales. De ahí la simpatía, al menos afectiva, que varios de los emperadores mostraron por el arrianismo, más fácil de controlar.

Por lo demás, cada vez serían más las sedes ocupadas por obispos arrianos, como Constantinopla, Heraclea, Éfeso, Ancira, ambas Cesareas, Antioquía, Laodicea, Alejandría... El hecho es que esta poderosa secta, organizada como Iglesia, con sus diócesis y sus obispos propios, se desarrolló poderosamente en el siglo IV, pasando a ser un poder real, y extendiéndose ampliamente en todos los estamentos de la comunidad eclesial hasta constituir casi su mayoría. El problema se arrastraría a lo largo de dos generaciones, constituyendo el gran tema de las cinco décadas tan trágicas que siguieron a Nicea.

1. Avance de los arrianos

Como acabamos de señalarlo, dos años antes de su muerte, Constantino repartió el Imperio entre sus tres hijos. El mayor, Constantino II, asumiría la zona occidental y la prefectura de las Galias, a Constancio II le tocó en suerte el Oriente, mientras que al más joven, Constante, se le reservó el centro del Imperio, o sea, África, Italia y Panonia. En el 337 asumieron los tres hijos el título de Augusto. A raíz de un levantamiento militar, se introdujeron algunas modificaciones: a Constantino le cupo el Occidente, con la corte en Tréveris; Constancio conservó el Oriente; y Constante, el gobierno de los Balcanes, con capital en Sirmio. Pronto Constantino II murió en combate y Constante lo reemplazó, extendiéndose su soberanía sobre los Balcanes y la totalidad del Occidente.

Todos estaban pendientes de la actitud que los nuevos Augustos tomarían en el conflicto del arrianismo con la ortodoxia. Los primeros pasos fueron esperanzadores. Desde Tréveris, Constantino II comunicó a los cristianos de Alejandría que quedaba levantado el destierro de su obispo. Por disposición conjunta de los tres gobernantes, también los otros obispos fieles a Nicea que habían sido exiliados, podían retornar a sus diócesis respectivas. No siempre fue fácil, ya que dichas sedes habían sido ocupadas por obispos de filiación arriana, poco dispuestos a retirarse sin más, por lo que hubo turbulencias.

Atanasio, desterrado durante dos años y cuatro meses, volvió a Alejandría el 337. La alegría de los católicos fieles fue inmensa al tener de nuevo con ellos a su intrépido pastor. Los sacerdotes decían que había sido el día más bello de su vida. Atanasio se ocupó de agrupar en torno a sí a las dos fuerzas religiosas más relevantes que existían entonces en Egipto: los obispos y los monjes. En el 338 estos últimos lo fueron a visitar, con San Antonio a la cabeza, ofreciéndole todo su respaldo. En adelante, cuando el obispo de Alejandría fuese perseguido, el desierto lo acogería, brindándole no sólo amistad sino también una protección y un abrigo que la policía imperial no se animaría a violar.

Sin embargo los arrianos advirtieron que Constancio se inclinaba hacia ellos. Era el Emperador un hombre mediocre, tímido, presumido, por lo que aquéllos recobraron ánimo, renovando su campaña contra los partidarios de Nicea. Se propusieron entonces dos objetivos inmediatos. Ante todo, consolidar el apoyo imperial, de lo cual se encargó Eusebio de Nicomedia, empleando en ello todos los recursos de su astuta diplomacia. En segundo lugar, apoderarse de las dos sedes más importantes del Oriente: Constantinopla y Alejandría. De la primera pudieron disponer bien pronto, valiéndose de un sínodo que los amigos de Eusebio hicieron reunir en Constantinopla, el año 338, donde depusieron ignominiosamente a su obispo Pablo, que acababa de volver del destierro. El mismo Constancio lo hizo deportar a la Mesopotamia, cargado de cadenas. Ocupó su puesto el mismo Eusebio de Nicomedia, quien de esta manera llegaba a la meta de sus afanes e intrigas.

Inmediatamente iniciaron la batalla por Alejandría. Los eusebianos, como eran llamados los partidarios del nuevo patriarca de Constantinopla, estaban desconcertados por el retorno de su más temible enemigo. ¿Qué podían hacer ahora? Apelar a un recurso canónico. La reasunción de la sede por parte de Atanasio no era admisible, dijeron, ya que había sido depuesto por un sínodo legítimo, el de Tiro, y aquel acto no podía ser invalidado por el Emperador. Al mismo tiempo trataron de introducir como obispo de Alejandría a un tal Pistos, que había sido consagrado por un amigo de Arrio. Como era de esperar, Atanasio reaccionó enseguida, convocando un sínodo de todos los obispos de Egipto. Éstos, que eran unos cien, tras renovar los anatemas contra los defensores de Arrio, le ofrecieron su respaldo más absoluto, al tiempo que escribieron a todos los obispos de la Iglesia demostrando que Atanasio había sido elegido obispo en forma irreprochable y que su deposición por el sínodo de Tiro había constituido un acto de violencia.

Esta carta, que fue enviada también a Roma y a los emperadores, movió a los eusebianos a dar otro paso. Le pidieron al Papa que convocase un sínodo para zanjar el asunto. Mientras tanto, consagraron como obispo de Alejandría a un forastero, llamado Gregorio de Capadocia. Un acto tan arbitrario provocó la ira del pueblo, de modo que el intruso sólo pudo entrar con la ayuda de la fuerza armada, teniendo que apoderarse de los templos de la ciudad, uno tras otro. Atanasio, expulsado del palacio episcopal, se vio obligado a abandonar por segunda vez la ciudad, con gran alegría de arrianos, paganos y judíos, no sin antes dirigir una ardorosa protesta a todos los obispos, señalándoles dónde iría a parar la Iglesia si permaneciera impasible y en silencio ante tanto atropello. "¡Tal es la comedia que representa Eusebio! Tal la intriga que tramaba desde hace tiempo, y que ahora ha llevado a su término, gracias a las calumnias con que acosa al Emperador. Pero ello no le basta: necesita mi cabeza; busca atemorizar a mis amigos mediante amenazas de exilio y de muerte. No es una razón para plegarse ante la iniquidad; al contrario, es preciso que me defendáis y protejáis contra la monstruosidad de que soy víctima... No dejéis que la ilustre Iglesia de Alejandría sea pisoteada por los herejes."

Mientras tanto el papa Julio, con el apoyo del emperador Constante, señor de Occidente, convocó al sínodo solicitado, pero en Roma. Los eusebianos, molestos por la elección del lugar, se negaron a asistir, aduciendo que ya no era necesario porque el caso se había arreglado; más aún, agregaban,

un sínodo occidental no podía zanjar ningún caso
que fuera de la competencia de la Iglesia de Oriente. El Papa celebró igualmente el sínodo, el año
341, con la presencia del mismo Atanasio y otros
obispos expulsados, llegándose a la conclusión de
que Atanasio era el obispo legítimo de Alejandría,
lo que fue comunicado mediante un escrito a los
obispos orientales. Desde este momento sabían todos a qué atenerse. Roma y Atanasio se encontraba unidos en defensa de Nicea, y los arrianos quedaban al descubierto. Sin embargo, en la práctica,
la decisión del sínodo no se pudo cumplir, de modo que Atanasio debió permanecer en Occidente.

2. Repunte de la ortodoxia

A partir de este momento se advierte un cambio
en la situación, con varios triunfos de la ortodoxia,
que duraron hasta la muerte del emperador Constante, en el año 350. Desde que este Emperador
entró en posesión de todo Occidente, los defensores de la verdad católica se sintieron ampliamente
respaldados, porque él no ocultaba su voluntad decidida de defender el concilio de Nicea. Contando
con este apoyo, el papa Julio se había puesto
abiertamente de parte de Atanasio, haciéndose fac-
tible la celebración del sínodo de Roma al que acabamos de referirnos. Por lo demás, la actitud categórica del Papa logró disipar muchas dudas, de
modo que ahora se podía ver claramente quién
era Atanasio y cuáles los verdaderos defensores
de la fe.

El primer triunfo de la ortodoxia fue el *Concilio de Sárdica*, del año 343. Un año antes había muerto Eusebio de Nicomedia, obispo usurpador de Constantinopla, que era el alma de la facción arriana, así como el interlocutor válido de Constancio, lo que constituyó un duro revés para la secta. Por lo demás, el apoyo sin reservas de Constante a los partidarios de Atanasio y de Nicea, apoyados por el papa Julio, no dejaba de influir en el ánimo de su hermano Constancio. Aprovechando el Papa la coyuntura favorable en que se encontraba para afianzar mejor a la Iglesia, no le costó demasiado convencer al emperador Constante, y éste a su hermano Constancio, de la conveniencia de celebrar un concilio general. Para su realización eligieron la pequeña población de Sárdica, la actual Sofía, que se hallaba en la zona de Constante, aunque inmediatamente junto a la frontera de Oriente.

Allí confluyeron los dos grupos, decididos a batirse por sus respectivas posiciones. Los católicos, unos noventa, conscientes del apoyo del Papa, del emperador Constante, pero sobre todo de la verdad de su causa, estaban dispuestos a no ceder un palmo de terreno. Los orientales, unos ochenta, partidarios de los arrianos, acompañados por dos representantes imperiales de Constancio, ya desde el principio manifestaron su malestar por tener que ir a Sárdica, lejos del influjo oriental. Estaban encabezados por Esteban de Antioquía y Acacio de Cesarea (Palestina), sucesor arriano de Eusebio de Cesarea. Ellos también se habían propuesto hacer triunfar sus puntos de vista. Era, pues, de temer más bien una radicalización mayor de la división existente.

Bajo la presidencia de Osio, venerado en todo el Imperio como la columna más firme de la ortodoxia, y de los representantes del Papa, se dio principio al concilio. Bien pronto se hizo patente la voluntad aviesa de los arrianos, a tal punto que no se pudo realizar ninguna sesión común de ambos grupos. El bando oriental ponía como condición que los obispos depuestos en Oriente, como Atanasio, Marcelo de Ancira y otros, no debían participar en el sínodo, pues por el hecho de estar acusados carecían de voz y voto. No hubo manera de llegar a un acuerdo. El Papa exigía que el concilio volviese a examinar la causa de Atanasio y revisara las actas de los sínodos orientales. Los arrianos no se avenían a ello y exigían a su vez se admitiera de antemano la condenación de Atanasio, decidida en aquellos sínodos. Osio llegó a prometer que, si aceptaban someter toda la cuestión al concilio, aunque Atanasio fuera declarado inocente, en bien de la paz no volvería a Alejandría, sino que se retiraría a España. Más no se podía ceder. Pero todo fue inútil. Los obispos arrianos resolvieron retirarse. Abandonando Sárdica de noche, se juntaron en Filipópolis de Tracia, donde hicieron público un manifiesto contra Atanasio y Marcelo. Más aún, en el colmo del atrevimiento, declararon solemnemente depuesto al papa Julio, a Osio de Córdoba y a todos los defensores de la ortodoxia, porque por culpa de ellos "habían sido recibidos de nuevo en la comunión de la Iglesia, Marcelo, Atanasio y los otros delincuentes".

Al retirarse los arrianos, un aire fresco invadió la sala de sesiones, el aire del verdadero catolicismo. Tras examinar los documentos de los obispos de Oriente que habían sido acusados, se comprobó fehacientemente la inconsistencia de las acusaciones arrojadas contra Atanasio y sus amigos, al tiempo que se excluyó de la comunión de la Iglesia a los usurpadores que los habían reemplazado en sus sedes respectivas. Algunos obispos querían también que se redactase una nueva fórmula de fe, proponiendo algunos posibles esquemas, pero a ello se opuso Atanasio, y con razón, haciendo notar que el símbolo de Nicea era más que suficiente, no debiendo ser desvalorizado con nuevos credos, como solían hacer los orientales.

Aun cuando el sínodo de Sárdica tuvo la virtud de poner las cosas y las personas en su lugar, con todo manifiestó la brecha que se iba abriendo entre la cristiandad oriental y la occidental, si bien varios de los obispos que los arrianos cuestionaban eran del Oriente. El emperador Constancio tomó abiertamente partido contra todos los obispos de su jurisdicción que de una u otra forma habían mostrado simpatía por los acuerdos de los obispos occidentales, y ordenó montar guardia para impedir el retorno en secreto de los pastores que habían sido rehabilitados en dicho sínodo.

En esos momentos llegó del Occidente una ayuda invalorable. Constante, seis años menor que su hermano, no satisfecho con mantener la paz eclesiástica en el ámbito de su soberanía, trató de influir sobre su hermano mayor para que a los defensores de Atanasio se les respetase sus derechos también en la parte oriental del Imperio. Contra todo lo previsible, Constancio dio curso a dicha sugerencia, con lo que quedó suspendida la persecución de los atanasianos en la zona de Egipto. Sin embargo Constante no se contentó con ello sino que dio un paso más, solicitando el retorno de Atanasio, para lo cual unió a su ruego el del papa Julio. Nuevamente Constancio consintió al ruego de su hermano. Atanasio se sintió feliz con la noticia, si bien le costaba no poco abandonar la hospitalidad del Occidente, donde había sido acogido por varios años con tanta benevolencia, para retornar a una zona tan conflictiva. Desde Aquileia se dirigió a Roma, donde fue recibido con alegría por el papa Julio, quien le dio una consoladora carta para el clero de Alejandría. Se despidió asimismo del emperador Constante, dirigiéndose luego a Antioquía, donde mantuvo una larga entrevista con Constancio. A partir de allí su viaje se pareció a los viejos "triunfos" que celebraban los generales romanos cuando retornaban victoriosos. En Palestina fue solemnemente recibido por el obispo de Jerusalén. Cuando llegó a Egipto, estalló el entusiasmo popular. Incluso los funcionarios salían a su encuentro desde hasta ciento cincuenta kilómetros de distancia. La recepción en Alejandría de su obispo tan largo tiempo desterrado resultó una especie de apoteosis. Atanasio entró a caballo en la ciudad que tanto amaba. A su paso la gente, con ramos en las manos, extendía tapices de mil colores profusamente perfumados, mientras lanzaban aclamaciones, encendían antorchas y formaban rondas de danza. Para emplear las palabras de Gregorio de Nacianzo, lo recibió un río de pueblo, como si el Nilo se hubiese desbordado en olas de oro durante todo un día. Su ausencia había durado noventa meses y tres días.

Atanasio hace notar con satisfacción que entonces estaban espiritualmente con él más de cuatrocientos obispos de Oriente y Occidente. Por lo demás, la fama del obispo de Alejandría había trascendido los límites de Egipto, e incluso del Imperio, llegando hasta Abisinia, donde logró que Frumencio fuese nombrado primer obispo de aquella zona. Si bien algunos prelados del Oriente no dejaban de estar preocupados por el sesgo que iban tomando las cosas, parecía sin embargo que se había entrado ya por el camino de la pacificación definitiva.

3. Retoma triunfal del arrianismo

Mas no fue así. El año 350 sucedió un acontecimiento imprevisible. Constante fue asesinado por un usurpador. Al conocer la nueva, Constancio se dirigió contra el magnicida y lo derrotó en batalla. Magnencio, que así se llamaba el rebelde, acabó por suicidarse. De este modo Constancio quedó como único emperador del Oriente y del Occidente, manteniendo esta posición hasta el año 361, en que moriría.

a. La política religiosa de Constancio.
   Sínodos de Arlés y de Milán

Este acontecimiento tuvo gravísimas consecuencias en el campo religioso. Ya lo conocemos a Constancio, siempre propenso a inmiscuirse, e inmiscuirse mal, en los asuntos de la Iglesia. Pues bien, ahora aspirará a un dominio total, tanto en el campo político como en el eclesiástico.

Al parecer, era ahora el turno de los arrianos, quienes habiendo ya tenido amplia experiencia del favor que siempre les había dispensado Constancio, se acercaron más y más al Emperador. Para colmo de males, en el año 352, murió el papa Julio, columna de la ortodoxia y sostén principal de Atanasio. El nuevo papa se llamó Liberio. ¿Apoyaría a Atanasio el recién elegido, como lo había hecho su antecesor? Resurgieron entonces todos los viejos rencores contra el obispo de Alejandría, las más vehementes ansias de revancha. Con lo que comenzó una serie de triunfos resonantes para el arrianismo, hasta la muerte misma de Constancio.

La obsesión era el obispo de Alejandría. Esperanzados en el nuevo Papa, los arrianos se dirigieron a él cubriendo a Atanasio de acusaciones, tanto que ochenta obispos de Egipto se creyeron en la obligación de apoyarlo enviando en su favor una carta colectiva a Liberio. Entre otras cosas lo acusaban al celoso obispo de difamar al Emperador como hereje y excomulgado. La inquina que Constancio había experimentado siempre por Atanasio se acrecentó sobremanera. Dadas estas circunstancias, el Papa sugirió de nuevo la posible celebración de un concilio en orden a zanjar definitivamente tan devastadoras desavenencias. Constancio aceptó la idea, y propuso la ciudad de Arlés, en Galia. Así, en el 353 tuvo lugar el *sínodo de Arlés*. El Papa envió allí a sus legados. Ese sínodo fue un tejido de intrigas, tramadas especialmente por Ursacio y Valente, ambos obispos de Panonia, convertidos ahora en asesores teológicos del Emperador, el cual se había volcado en tal forma al servicio de los arrianos que llegó a poner a los obispos reunidos en la alternativa de firmar la condenación de Atanasio o ir al destierro. El papa Liberio protestó con una carta respetuosa, pero enérgica, lo que en modo alguno influyó sobre Constancio.

No sabía Liberio qué hacer, hasta que se le ocurrió proponer la celebración de otro sínodo que contara con más garantías de libertad e independencia. El Emperador aceptó y designó Milán. Celebróse así, en el 355, *el sínodo de Milán*, con asistencia de más de trescientos obispos occidentales. Nuevamente los jefes arrianos pidieron la condenación de Atanasio, solicitud que el Emperador apoyó. A todos los obispos se les prohibió mantener la comunión con Atanasio, bajo pena de perder sus sedes. A los refractarios se les amenazó con la muerte o el destierro. La inmensa mayoría cedió a la violencia, salvo tres obispos, cuyos nombres debemos rescatar: Lucífero de Cagliari, Eusebio de Vercelli y Dionisio de Milán. Los tres fueron desterrados.

Tras la clausura del sínodo se dio a varios delegados imperiales el encargo de visitar a los obispos que habían estado ausentes y de obligarles a firmar el decreto. El triunfo de los arrianos parecía arrasador. A los católicos de Milán les fue impuesto como obispo el arriano Auxencio, a quien tuvieron que traer de Capadocia; ni siquiera sabía hablar la lengua de sus fieles. En las Galias la política imperial tropezó con cierta resistencia. Su animador fue el obispo Hilario de Poitiers, que en los años siguientes contribuiría decisivamente a que el Occidente latino no sucumbiera al arrianismo. Por el momento lo obligaron a participar, junto con los obispos del sur de las Galias, en un sínodo convocado en *Béziers*, el año 356. También aquí se logró arteramente que los obispos sinodales dieran su asentimiento a la condenación de Atanasio. Sólo Hilario de Poitiers y Rodanio de Toulouse se negaron a hacerlo, por lo que fueron desterrados a Frigia.

b. El destierro de Atanasio

Con tales precedentes, es ya previsible imaginar dónde dirigirían sus esfuerzos los jefes arrianos. Su enemigo mortal, Atanasio, debía abandonar la sede de Alejandría, completándose así los triunfos de Arlés y Milán. Acá se procedió con más cautela, dado el prestigio del obispo. Durante más de treinta días, un delegado del Emperador se esforzó por persuadir a Atanasio de que marchase voluntariamente al destierro. Ante su tajante negativa, el 9 de febrero del 356 se presentó en Alejandría un verdadero ejército, dispuesto a apoderarse violentamente del indefenso obispo. Atanasio se refugió en una iglesia, pero los soldados entraron en ella por la fuerza. Dejemos que el mismo Atanasio nos lo cuente: "Era de noche, y había gente que vigilaba en la iglesia, esperando la fiesta del día siguiente. El duque sirio apareció de golpe con soldados en número de más de cinco mil, con armas y espadas desenvainadas, arcos, flechas, lanzas...; los dis-

puso ordenadamente en torno a la iglesia, para
que ninguno de los que salieran pudiese escapar.
Yo, que no creía justo, en un desorden tan grande,
abandonar al pueblo, y prefería exponerme el primero al peligro, habiéndome sentado en la sede,
ordené al diácono leer el salmo: «La misericordia
del Señor es grande en los siglos.» Le dije al pueblo
que respondiera y se retirase enseguida cada cual
a su casa. El duque entonces entró impetuosamen-
te en el templo; los soldados rodean por todas partes el presbiterio para apoderarse de mí. El pueblo
y los sacerdotes se apiñan en torno mío, pidiéndo-
me que huyese. Les dije que no lo haría antes de
que todos ellos estuviesen seguros. Me levanto y
ruego al Señor. Luego los conjuro a que se retiren.
Prefiero, les dije, estar en peligro que ver maltratar
a alguno de vosotros. Varios llegan, en efecto, a
salir; otros se preparan para seguirlos, cuando algunos monjes y algunos sacerdotes suben donde yo
estoy, con ánimo de sacarme de allí. Doy testimonio de que esto es totalmente verdad: a pesar de
tantos soldados que cercaban el presbiterio, a pesar
de los que rodeaban la iglesia, salí bajo la conducción del Señor y escapé sin ser visto, glorificando
sobre todo al Señor porque yo no había traicionado a mi pueblo, y porque habiéndolo puesto primero en seguridad, había podido salvarme y sus-
traerme a las manos de los que querían apoderarse
de mí. Así fui milagrosamente salvado por la Providencia." Pero al fin, Constancio logró su propósito.
Una vez más Atanasio debió retirarse de Alejandría, dejando vacía su sede episcopal.

La persecución se extendió más allá de Alejandría y alcanzó a todo el Egipto. Hasta en Libia y en la Tebaida se encarnizaron contra la ortodoxia. Pulularon entonces los confesores de la fe, como en los peores tiempos de Diocleciano. Cerca de noventa obispos fueron proscriptos, sus iglesias entregadas a los arrianos; dieciséis de ellos, al menos, fueron exiliados. Luego trataron de suplir a dichos obispos. Como afirma Atanasio: "El que daba más oro era nombrado obispo; poco les importaba que fuese pagano, con tal que diese oro." Para suplir a Atanasio se nombró a un tal Jorge, originario de Capadocia, alma venal, que rápidamente se apoderó de la sede episcopal, con aplauso de los arrianos, paganos y judíos. Constancio le pidió que hablara con Frumencio, aquel obispo que había nombrado Atanasio en Abisinia. "Si Frumencio se apresura a obedecer, dándose cuenta de la situación, será claro para todos que no está en desacuerdo con la ley de la Iglesia y la fe dominante... Si difiere y rehuye el juicio, es evidente que, seducido por los discursos del perverso Atanasio, es impío para con Dios, con la misma premeditación de la que ha sido convicto ese malvado."

Este destierro de Atanasio, el tercero, duraría seis años. La mayor parte del tiempo la pasó entre los monjes del desierto, escribiendo allí algunas de sus obras más importantes. En una de ellas, la *Apología al emperador Constancio*, refuta las calumnias que se habían puesto en circulación contra él. En la *Apología por su fuga*, uno de sus escritos más leídos, se dirige a la Iglesia universal para explicar las razones de su "huida". Lo que había hecho no era sino seguir la recomendación del Señor: "Cuando os persigan en una ciudad huid a otra, y si también en ésta os persiguen, marchaos a otra" (Mt 10, 23). El tono es aquí más fogoso: "Los arrianos me tratan de cobarde porque no los dejé que me asesinaran...Quieren librarse de un hombre que, eterno enemigo de su impiedad, declara y confunde su herejía." En la *Historia de los arrianos dirigida a los monjes* describe con estilo ardoroso las intrigas de sus enemigos, y luego de llamar a Constancio precursor del Anticristo, ataca duramente a los obispos traidores: "¿No se diría una comedia representada en el escenario? Estos sedicentes obispos son comediantes. Constancio, el autor de la pieza, les renueva la promesa de Herodes a Herodías, y ellos retoman la danza de sus calumnias para lograr el exilio y la muerte de los que son piadosos con el Señor." Los monjes, que lo amaban entrañablemente, no permanecieron ajenos a su combate. El abad San Antonio, por ejemplo, dejó varias veces la soledad del desierto para ir a Alejandría y decir a sus habitantes que los arrianos se oponían a la verdad y que la doctrina del Evangelio era predicada solamente por Atanasio. Mas durante su estadía entre ellos, el santo pastor no se contentó con defenderse de sus enemigos. Bien sabía que el primer deber del obispo –y no por estar en el exilio dejaba de serlo–, es enseñar la verdad, y que a las herejías de Arrio había que oponer un resumen claro y fiel de la doctrina ortodoxa, algo que aún no se había hecho. Escribió entonces un libro bajo el nombre de *Discurso contra los arrianos*, una verdadera obra maestra. Si Cristo no es Dios, repite allí una y otra vez, ¿cómo el hombre hubiera podido ser rescatado? Justamente por aquellos años aparecieron nuevos herejes que cuestionaban, esta vez, la divinidad del Espíritu Santo. Para salirles al paso escribió diversos opúsculos en defensa de la Tercera Persona de la Santísima Trinidad, con la misma firmeza con que antes había defendido la divinidad del Verbo. Como se ve, los años del tercer exilio se cuentan entre los más fecundos de su vida. Desde el fondo del desierto, el fugitivo se dirige al mundo, para proclamar la verdad de la fe católica. Sus tratados fueron obras de combate. Atanasio no había sido hecho para el descanso. Es difícil imaginarlo fuera de la lucha.

Dejémoslo por ahora en el desierto y volvamos al mundo religioso y político. Se podría pensar que con los triunfos obtenidos, tanto Constancio como los arrianos se hubieran podido dar por satisfechos. Mas no fue así. Quedaban todavía en pie dos columnas fundamentales de la Iglesia, el papa Liberio y Osio, el obispo de Córdoba. Era preciso ponerlos fuera de combate.

Volcáronse ante todo a ganarse para sus ideas al papa Liberio. En orden a ello, el Emperador le envió un legado especial, con el encargo de arrancarle, sea con regalos, sea con amenazas, la condenación de Atanasio y la readmisión de los arrianos en la comunión católica. Como el Papa desdeñó las dádivas y se mantuvo en su posición, el Emperador, ofendido, ordenó apresarlo y conducirlo a Milán, donde él se encontraba en esos momentos. Liberio le dijo que estaba dispuesto a sufrirlo todo antes que aliarse a los arrianos. "Como eres cristiano –le replicó Constancio– y obispo de Roma, te he hecho traer para prevenirte que debes excluir de tu comunión a ese Atanasio cuya impiedad llega a la locura. El universo entero piensa lo mismo que yo, y un concilio ha privado a ese hombre de la comunión eclesiástica." A lo que Liberio respondió: "Los juicios eclesiásticos deben ser llevados adelante con perfecta justicia. No toca sino a vuestra piedad someter la causa de Atanasio a un juicio. Si los debates concluyen en una sentencia de condenación, ella será pronunciada con toda justicia, según las reglas del derecho eclesiástico. Sin juicio no podemos condenar a un hombre." El Emperador le dio tres días para que reflexionen. "Yo no cambiaré, enviadme donde os plazca." Cansado Constancio de sus vanos esfuerzos, lo mandó al destierro, en Berea de Tracia. Allí Liberio permaneció por un tiempo, quizás dos años, siendo constantemente incitado, y de manera acosante, sobre todo por Demófilo, el obispo del lugar, para que condenase a Atanasio. Finalmente pudo volver a Roma, el año 358. Los historiadores se han preguntado qué hizo para que se le permitiera volver. La respuesta a este interrogante integra la célebre "cuestión del papa Liberio", de que luego algo diremos.

No fue Constancio menos despiadado con Osio, a pesar de su edad. También a él lo hizo comparecer en Milán y lo presionó de mil maneras. Al ver que permanecía inflexible, lo envió a su lejana diócesis de Córdoba, si bien no permaneció allí por mucho tiempo, acabando en Sirmio, donde residía entonces el Emperador.

c. Divisiones entre los arrianos

Estamos en el momento del máximo apogeo de los arrianos. Como si la Iglesia católica se hubiese derrumbado. Pero a partir de ahora comienzan los herejes a dividirse. En el año 356, un hombre muy talentoso, llamado Aecio, que había sido consagrado diácono por Leoncio, obispo de Antioquía, volvió a poner sobre el tapete el tema central de Arrio, la relación entre el Padre y el Hijo, y propuso la solución más radical de todas: el Hijo no es de la misma esencia que el Padre, ni de una esencia parecida, ni tiene la menor semejanza con él, de modo que es "no semejante", razón por la cual se llamaron *anhomeos*; en un sínodo local, celebrado en Sirmio, llegaron a imponer lo que se llamó la "fórmula de Sirmio". Pero esta ala tan extremosamente arriana así como su fórmula de fe no hallaron el eco esperado, por su ataque abierto a la divinidad, con lo que apareció una corriente más moderada, cuyo jefe era Acacio de Cesarea, discípulo y sucesor de Eusebio de Cesarea. Eran los llamados *homoianos* u *homeos*, que admitían alguna semejanza entre el Padre y el Hijo, no en la esencia, por cierto, pero sí en la voluntad, actividad y otras propiedades. Finalmente se formó una tercera corriente, dirigida por Basilio de Ancira, que fue prosperando cada día más; ellos proponían un nuevo término, *homoiousios*, con el que querían afirmar la semejanza de esencia del Hijo con el Padre. Este grupo fue considerado como "semiarriano".

El año 357 se hizo pública la "segunda fórmula de Sirmio", resultado de un nuevo sínodo celebrado en Sirmio por los más estrictos arrianos, cuyo contenido seguía siendo rígidamente arriano. Pero hubo aquí una división interna entre ellos, por lo cual en un sínodo semiarriano celebrado en Ancira el año 358 se dio a conocer la "tercera fórmula de Sirmio", que lleva hasta el máximo la semejanza del Verbo con el Padre, aunque se rechazó la palabra "consustancial", proclamada en Nicea, por el hecho de que no estaba en la Biblia, y el pueblo era incapaz de comprenderla. Constancio apoyó esta nueva fórmula y los obispos fueron invitados a unirse sobre las bases de la doctrina semiarriana. Estos Credos incluían contradicciones en los términos: el Hijo era nacido antes de todos los tiempos, y sin embargo no era eterno; no era una creatura, pero tampoco Dios; era perfecta semejanza del Padre en todas las cosas –"semejante en todo", se decía–, pero no verdadero Dios.

Felizmente Atanasio velaba. La experiencia de estos años turbulentos le había permitido comprender perfectamente los inconvenientes de esas fórmulas múltiples, de esas anfibologías, a la sombra de las cuales se insinuaban doctrinas deletéreas. Ya Nicea había sido terminante. ¿Por qué creerse obligado cada año a revisar y completar la exposición de la fe? Así pensaban no sólo Atanasio, sino Hilario y varios más, en plena concordancia con el pueblo fiel. Porque el pueblo seguía pensando de manera católica, por más que los pastores les predicasen ideas arrianas o semiarrianas.

d. El caso del papa Liberio

En medio de tantas confusiones, vino la gota que hizo rebalsar el vaso, y fue el cambio de postura del papa Liberio. Lo hemos dejado volviendo del destierro, donde Constancio lo había presionado para que se acercara a los arrianos. Pues bien, al parecer, abatido por el exilio y bajo la presión de obispos arrianos, acabó por ceder a dichos apremios. Quedan de él cuatro cartas donde muestra haber abandonado su actitud anterior. En ellas condena a Atanasio, acepta la comunión con los adversarios de éste, e incluso suscribe una fórmula de fe semiarriana, la de Sirmio, fórmula ambigua, por cierto. Así logró que el Emperador le permitiera regresar a Roma.

Los adversarios de la Iglesia se complacen en destacar esta claudicación del papa Liberio, abandonando a Atanasio y la fe de Nicea, y adhiriéndose a las doctrinas arrianas. Cuando en el Concilio Vaticano I se trató de la infalibilidad pontificia, tal fue uno de los argumentos a que recurrió la oposición. En siglos anteriores a la definición dogmática del Concilio algunos autores muy católicos, como Baronio o Bossuet, aceptaron que Liberio cayó en la herejía al firmar la fórmula que le presentaron. Sin embargo, estos autores sostienen que se trató de una caída meramente personal, no de un error enseñado *ex cathedra*.

La mayor parte de los críticos actuales dan otra solución, que parece la más probable. Justamente cuando Liberio obtiene su libertad, acababa de salir la "tercera fórmula de Sirmio", la que defendían

los semiarrianos y el emperador Constancio, y que
si bien no incluye el "consustancial", no es claramente heterodoxa. Pues bien, esta fórmula es la
que se le habría presentado a Liberio, exigiéndose-
le su acuerdo para obtener la libertad. Por eso San
Atanasio, San Jerónimo y San Hilario convienen
en afirmar que el Papa, después de dos años de
resistencia, vencido por las congojas del destierro,
acabó por ceder a sus adversarios, admitiendo la
fórmula que ellos le proponían. Es verdad que la
fórmula era ambigua, ignorando Nicea, lo que implicaba en cierta forma abandonar la causa con
tanto ardor defendida, pero no se puede decir que
implicase claudicar en la fe. Sea lo que fuere, Liberio expiaría amargamente aquella condescenden-
cia, que más que un error en teología manifestaba
falta de carácter y debilidad humana, quedando
tan desacreditado que ya no volvió a desempeñar
ningún papel relevante en las controversias de los
años siguientes.

e. El doble sínodo de Seleucia-Rímini

Como se ve, el arrianismo, sobre todo en la forma moderada de los "homiousianos", estaba en
su apogeo el año 358, con el decidido apoyo del
emperador Constancio. Ello no obstante, el Emperador quiso afianzar más todavía este triunfo,
por lo que aceptó con agrado la sugerencia que le
hicieron algunos obispos de convocar dos sínodos,
que debían celebrarse simultáneamente, en Occidente para el episcopado latino, y en Oriente para
los obispos de las Iglesias orientales. El sínodo

oriental podía contar, no obstante las discrepancias, con un segura mayoría "arriana". En cuanto a los obispos de Occidente podía suponerse, en base a las experiencias de los últimos años, que a la postre acabarían por suscribir un símbolo de fe del mismo tenor. Como lugar de encuentro para los obispos de Oriente se eligió la ciudad de Seleucia, en la provincia de Isauria, en Asia Menor, mientras que los obispos latinos se reunirían en la ciudad de Rímini. Este doble sínodo representa el último acto del agobiante drama que implicó la política religiosa de Constancio.

Primero se convocó una comisión preparatoria en Sirmio, con el encargo de elaborar el esquema de una fórmula de fe que sería propuesta a los dos sínodos. La palabra clave de la nueva fórmula no era el *homoiousios*, de esencia semejante, sino el *homoios to patri*, semejante al Padre, que sólo expresaba la analogía del Hijo con el Padre. Los propulsores de esta formulación habían convencido al Emperador de su conveniencia, precisamente por ser un término tan amplio, que al dejar de lado la cuestión de la esencia, podría concitar la adhesión de los participantes de las más variadas tendencias. Fue la llamada "cuarta fórmula de Sirmio".

En Rímini los acontecimientos se desarrollaron de manera fluida. Participaron más de cuatrocientos obispos de la parte occidental del Imperio. No había ningún representante de Roma. Era evidente que Constancio no lo había querido invitar al Papa, lo que muestra que las agachadas de Liberio ante el Emperador, ni siquiera en el concepto de éste había mejorado su prestigio. Frente a una minoría arriana, del veinte por ciento, la mayoría, que era ortodoxa, desechó la última fórmula de Sirmio, declarándose en favor de Nicea. El choque fue violento, al punto que ambos grupos resolvieron enviar sendas delegaciones para encontrarse con el Emperador, que estaba a la sazón en las cercanías de Constantinopla. Mientras que el grupo arriano fue recibido inmediatamente en audiencia, se indicó a los del otro grupo que esperaran en Adrianópolis, y luego en Nike de Tracia. Mientras esperaban, volvieron los del bando arriano, y trataron de convencer a los ortodoxos de las bondades de la fórmula de Sirmio, con tal éxito que al fin la firmaron. La fórmula se llamó de Nike, semejante a la cuarta de Sirmio.

En el entretanto los cuatrocientos obispos que esperaban en Rímini ya llevaban tres meses aguardando, sin poder retornar a sus diócesis. El funcionario imperial que los atendía les dijo claramente que hasta tanto no firmasen la fórmula propuesta no obtendrían el permiso para partir. Poco a poco se fue desmoronando la resistencia de la mayoría, a tal punto que no sólo muchos acabaron por firmar, sino que incluso consintieron en dirigir al Emperador un escrito, donde le agradecían su solicitud por la conservación de la pureza de la fe. Sólo unos quince obispos tenían todavía reparos, pero al fin se dejaron persuadir con la promesa de que después de firmar podrían añadir todavía ciertas aclaraciones suplementarias.

El Emperador no tuvo para nada en cuenta dichos agregados. Ya había logrado lo que le interesaba: tener en sus manos el símbolo de Sirmio, firmado por todos los obispos de Occidente, salvo los que estaban desterrados. El papa Liberio que, como dijimos, no había tomado parte en el desarrollo de este sínodo, rechazó expresamente la fórmula de Nike, que era de doble sentido. Precisamente por ello, por ser ambigua, muchos ortodoxos se creyeron autorizados a firmarla, pensando que podía entenderse en sentido católico.

Mucho mayor fue la confusión de Seleucia. Los ciento cincuenta obispos allí reunidos se dividían en tres corrientes, todas arrianas. La más fuerte era la *homoiousiana*, de Basilio de Ancira, luego venía la *homoiana*, encabezada por Acacio de Cesarea, de donde su nombre de "acacianos", y la más débil era la del arrianismo radical, dirigida por Jorge de Alejandría. También a Seleucia fue invitado Hilario de Poitiers, que a pesar de ser del Occidente se hallaba a la sazón desterrado en Frigia. Fiel a su catolicidad, adjuraba a los obispos en términos elocuentes: "Un esclavo, no digo un buen esclavo, sino un esclavo pasable, no puede soportar que se injurie a su señor; si puede hacerlo, lo venga. Un soldado defiende a su rey, aun con peligro de su vida, aun haciendo una muralla de su cuerpo. Un perro guardián ladra al menor olor, se lanza a la primera sospecha. ¡Vosotros, vosotros oís decir que Cristo, el verdadero Hijo de Dios, no es Dios; vuestro silencio es una adhesión a esta blasfemia, y os calláis! ¿Qué digo? Protestáis contra los que reclaman, juntáis vuestras voces a los que quieren ahogar las suyas." Después de interminables luchas, no llegaron a ninguna conclusión.

También aquí enviaron sus delegados al Emperador, saliendo finalmente triunfantes los acacianos, ya que su fórmula coincidía con la fórmula de Nike, que se acababa de suscribir en Rímini. Constancio la declaró de vigor permanente y universal, y desde entonces se la consideró santo y seña de la unidad religiosa del Imperio. En realidad, parecía llegado el dominio universal del arrianismo moderado.

Inmediatamente se ordenó a los obispos alinearse tras esta fórmula. Los que se negaron a hacerlo perdieron su sede y fueron desterrados. En esos momentos, Atanasio se encontraba en el desierto, cumpliendo el destierro anteriormente decretado. La policía ignoraba su lugar de residencia. Todo lo que de él se pudo averiguar es que había dirigido una carta circular a los obispos de Egipto y de Libia donde los exhortaba a mantenerse adheridos a la doctrina de Nicea, negándose a firmar lo que se les requería. De hecho, Egipto, en conjunto, permaneció fiel a la fe. También en otras provincias de Oriente hubo obispos aislados que prefirieron el destierro. Pero las sedes episcopales de las ciudades más importantes, como Alejandría, Antioquía, Constantinopla, Cesarea de Palestina, Sirmio, Milán, tenían ya como pastores a arrianos convencidos. De ahí que el "arrianismo" pareció haberse convertido en la única versión cristiana permitida. Ante esta situación se explica aquella conocida afirmación de San Jerónimo: *Ingemuit totus orbis, et Arianum se esse miratus est* ("Gimió el orbe entero y quedó sorprendido al verse arriano").

f. La actitud de Juliano el Apóstata

A primera vista parecía que la victoria del arrianismo estaba definitivamente asegurada. En realidad no era del todo así. Como dicha victoria se basaba fundamentalmente en el apoyo imperial, necesariamente dependía de los favores de lo alto. Mas he aquí que aconteció un vuelco en la política.

El año 360, Constancio, viéndose apremiado por la presión militar de los persas en el frente oriental, requirió a su primo Juliano, que se hallaba en Lutecia (actual París) como César al frente de las legiones, que le enviase urgentemente sus mejores tropas. Juliano, en vez de ayudar a su primo, se hizo proclamar Augusto por los soldados, y se lanzó hacia el este contra el Emperador, cosechando victorias a su paso. Constancio se aprestó al combate, pero cayó gravemente enfermo en la ciudad de Tarso, donde había nacido San Pablo. Al igual que su padre Constantino, se hizo bautizar en el lecho de muerte por un obispo arriano, muriendo luego, a los 45 años de edad. La situación no podía ser más dramática, comenta Newman. La causa de la verdad estaba en su nivel más bajo. Los latinos habían acabado por someterse a un credo no católico, el Papa había cedido, Atanasio se encontraba en el destierro, los arrianos ocupaban las principales sedes episcopales. Fue en un momento semejante cuando Juliano se proclamó Emperador en su ciudad natal de Constantinopla. No nos explayaremos en los acontecimientos acaecidos durante su reinado, ya que de ellos tratamos en la conferencia anterior. Recordemos que fue el gran propulsor de la resurrección del paganismo. El tema arrianismo-antiarrianismo estaba fuera del contexto de sus preocupaciones.

Inesperadamente señor de todo el Imperio, Juliano permitió volver del destierro a los obispos que habían sido expulsados, incluido San Atanasio. Muchos que se habían separado de la ortodoxia, sobre todo semiarrianos, se fueron reconciliando con la Iglesia. Tanto en Oriente como en Occidente, comenzó un proceso de rehabilitación católica. En la que toca al Occidente, fueron las Galias el punto focal de la ortodoxia, merced sobre todo a la obra de Hilario de Poitiers. Lo habíamos dejado exiliado en el Oriente, pero allí con su poderosa irradiación suscitaba tantos problemas al arrianismo que ya Constancio le había ordenado retornar a su sede. Por iniciativa de este gran pastor, en el año 360 se reunieron en Lutecia los obispos galos para celebrar un sínodo, donde en un escrito que dirigieron a los obispos orientales, luego de retractarse de la cobarde actitud que habían tenido en Rímini, mostraban su voluntad de separarse tanto de los semiarrianos como de los arrianos, y de adherirse sin vueltas a la fe de Nicea. Es en buena parte gracias a Hilario que el Occidente quedó en adelante inmune del peligro arriano.

En cuanto al Oriente, fue obviamente Alejandría el centro de rehabilitación de la Iglesia, sobre todo a partir del retorno de Atanasio. Ni bien Juliano le permitió volver, el gran obispo abandonó su escondrijo entre los monjes de Egipto, y retomando las riendas de la diócesis se abocó a restablecer la unidad de la fe, en unión con los obispos egipcios, con quienes se reunió en sínodo el año 362. El problema más espinoso fue la cuestión de las sedes episcopales ocupadas hasta entonces por arrianos, y su reemplazo por obispos de segura doctrina. Se resolvió que los que en el pasado se habían declarado en favor de la fe arriana, si bien serían nuevamente recibidos en la comunión de la Iglesia una vez reparado su delito, quedarían reducidos al estado laical; si habían sido seducidos con violencia o engaño, conservarían el cargo, pero con la condición de dar por escrito su asentimiento al símbolo de fe de Nicea.

Pronto Juliano se dio cuenta de que no podía limitarse tan sólo a su lucha en favor del paganismo, desentendiéndose de los conflictos intercristianos. Incluso se ha dicho que la razón por la que permitió el retorno de los obispos desterrados por Constancio, fue para que se reavivaran las disensiones entre arrianos y católicos, con la consiguiente escisión en la Iglesia. Como dijimos, también Atanasio pudo regresar de su destierro, pero cuando Juliano se dio cuenta de que su retorno, en vez de provocar nuevas contiendas, impulsaba al contrario la unidad de la Iglesia con la vuelta al redil de los arrianos, por un edicto del 362 volvió a ordenar su exilio. Por lo demás, Juliano recordó a los obispos que el decreto que había posibilitado su regreso no les daba derecho de reasumir sus funciones episcopales. Y Atanasio no sólo las había reasumido en plenitud sino que su influjo se irradiaba en todo el Imperio. Cuando los cristianos de Alejandría conocieron el nuevo decreto de destierro, dirigieron una solicitud al Emperador, con la súplica de que les fuese devuelto su obispo. Entonces, más allá de toda maniobra, quedó en claro el odio que Juliano experimentaba por Atanasio, según lo revela un desaforado escrito que dirigiera al prefecto de Egipto para conocimiento de los habitantes de Alejandría. "Ninguna cosa que tú hicieres me sería más agradable que la expulsión fuera de todos los puntos de Egipto de este Atanasio, de este miserable que ha osado, bajo mi reino, bautizar mujeres griegas de distinción." En otra carta, dirigida a los mismos alejandrinos, les decía: "Hace poco hemos permitido a los Galileos volver, no a sus iglesias, sino a sus patrias. Sin embargo he sabido que Atanasio, ese audaz, impelido por su fogosidad característica, ha vuelto a retomar lo que ellos llaman el trono episcopal, con gran descontento del religioso pueblo de Alejandría. Le significamos, pues, la orden de salir de la ciudad, a partir del día mismo en que haya recibido estas cartas de nuestra clemencia, y al instante. Si permanece en el interior de la ciudad, pronunciaremos contra él penas más fuertes y más rigurosas." Atanasio no obedeció la decisión imperial. El prefecto no se animaba a ejecutar la orden superior, porque temía al pueblo, que tanto amaba a su pastor. Los alejandrinos, por su parte, dirigieron entonces una segunda súplica a Juliano en favor de Atanasio. En su respuesta, entre otras cosas les decía el Emperador: "Pluguiere al cielo que la peligrosa influencia de la escuela impía de Atanasio se limitase a él solo. Pero de hecho se ejerce sobre un gran número de hombres distinguidos entre vosotros... Si es por sus talentos que vosotros lamentáis [la partida] de Atanasio –porque yo sé que es un hombre hábil–, y me insistís sobre ello, sabed que es por eso mismo que ha sido desterrado de vuestra ciudad."

Al fin, el santo pastor debió marcharse de Alejandría. Sería su cuarto destierro. Huyó en una pequeña barca, eludiendo con astucia la persecución de los navíos del Emperador, ya que no quería que las autoridades conociesen el lugar de su residencia en el exilio. Un día, remontaba el Nilo en una pequeña embarcación, cuando detrás de él oyó un ruido de remos. Eran los esbirros de Juliano que lo estaban buscando. Sus compañeros de viaje comenzaron a asustarse. "Déjenlos hacer", les dijo, y tranquilamente hizo que viraran a bordo, dirigiéndose la nave al encuentro de la galera oficial. "¿Ha visto usted a Atanasio?", le preguntaron. "Así lo creo", respondió, disimulando su voz. "¿Está lejos?" "No, está muy cerca. Remen con fuerza." Y así logró eludirlos. Al principio permaneció oculto en Alejandría o sus alrededores. Luego se dirigió a la Tebaida, donde lo esperaban sus queridos amigos del desierto. Al verlo llegar, lo aclamaron y lo hicieron subir en un burro cuyas riendas tomó el abad Teodoro, mientras los monjes lo escoltaban con antorchas encendidas y entonando cánticos. El año 363 murió el emperador Juliano, en combate contra los persas. De este modo Atanasio pudo retornar a su sede.

Cuando reapareció en Alejandría, todavía el arrianismo de Rímini y de Seleucia triunfaba por doquier, con excepción de la Galia, acaudillada por Hilario, el invicto. El primer paso de Atanasio para restablecer la ortodoxia fue reunir un pequeño y selecto sínodo en Alejandría. Este sínodo congregó sólo a veinte obispos, casi todos antiguos exiliados, que habían sufrido en su propio cuerpo por la fe de Nicea. Por eso se lo llamó "el concilio de los confesores". Allí se trataron, en continuidad con el sínodo anterior, convocado en vida de Juliano, diversos temas de índole práctica, por ejemplo, la actitud que se había de tomar con los caídos en el arrianismo, de qué manera debían ser perdonados si reconocían sus errores, qué se podía hacer para solucionar la situación de tantas sedes todavía plenamente arrianas o semiarrianas. Este concilio tuvo enorme resonancia en el universo cristiano, ya que sus conclusiones llegaron al conocimiento de los fieles de Grecia, España, Galia, Italia, y de la misma Roma. La figura de Atanasio se agigantaba a los ojos de todos. No que tomase el lugar del papa Liberio, pero tenía conciencia de estar afrontando con responsabilidad los grandes problemas del momento, y también era consciente de la enorme autoridad de que gozaba. Había sido testigo del nacimiento del arrianismo, había colaborado con el obispo Alejandro en el concilio de Nicea, había tomado parte en todos los combates doctrinarios ulteriores, y como muchos de los que habían participado en esas luchas ya no vivían, se sentía con derecho a hablar en nombre de todos los ortodoxos que habían sufrido por la justicia y la verdad. Era, en verdad, "el papa de Alejandría", según se lo llamaba comúnmente en todo Egipto.

Por desgracia surgió en estos momentos una nueva herejía, el llamado *apolinarismo*, por su fundador Apolinar, obispo de Laodicea. Fue una reacción equivocada contra el arrianismo. Si bien el aspecto divino de Cristo quedaba entre ellos afirmado de manera contundente, su aspecto humano resultaba aminorado de manera inaceptable. Cristo es realmente Dios, decían, pero la naturaleza humana que había asumido era incompleta, carecía de alma; era un cuerpo sin alma humana, haciendo el Verbo las veces de alma. Como esta doctrina se extendió rápidamente, debió ser tratada en el sínodo de Alejandría que acababa de reunir Atanasio, donde se la anatematizó. Lamentablemente Apolinar era un gran amigo de Atanasio, habiéndose distinguido por su actitud enérgica frente a los arrianos, razón por la cual sus ideas encontraron fácil acogida en muchos ortodoxos. No deja de resultar sintomática la diferencia de trato que le dio Atanasio. Los arrianos eran para él sus enemigos personales. Mientras que los nuevos herejes eran amigos, hermanos, antiguos compañeros de combate. Sin embargo ello no obstó a que Atanasio condenara sin tapujos esta nueva herejía.

g. El emperador Valente
    y la última persecución arriana

En estos momentos, la política imperial conocía nuevos avatares. Muerto Juliano sin descendencia, el ejército proclamó emperador al general Joviano, que al punto entró en tratos con Atanasio, levantándole la orden de destierro. Su reinado fue brevísimo ya que, tras una batalla victoriosa sobre los persas, le alcanzó inesperadamente la muerte. Enseguida el ejército proclamó a Valentiniano I. Éste, a instancias de las tropas, designó nuevamente un segundo Augusto en la persona de su hermano Valente, al que confió la parte oriental del Imperio, mientras él se reservaba los Balcanes y el occidente de Europa, juntamente con el norte de África.

El problema de años anteriores se reeditó una vez más a raíz de esta división de Imperio. Así como Constante había sido proniceno en el Occidente, y Constancio, su hermano, antiniceno en el Oriente, así ahora, en Occidente, Valentiniano estaba a favor de Nicea, mientras que en el Oriente, su hermano Valente favoreció la confesión arriana, y ello de una manera enérgica, ya que trató de imponer el arrianismo en su versión más extrema. Tan dura fue su actitud, que a los semiarrianos, que constituían el núcleo central del viejo partido, no les quedó otro remedio que acercarse a los católicos. Como este período coincidió con la intensa campaña de atracción de los antiguos herejes emprendida por Atanasio y otros obispos católicos, de hecho aumentó el número de conversiones, a tal punto que en el año 366, cincuenta y nueve obispos semiarrianos se acercaron al papa Liberio y fueron recibidos en el seno de la Iglesia, lo que no pudo sino irritar a Valente en tal grado que nuevamente hizo desterrar a numerosos obispos católicos, entre los cuales Pelagio de Laodicea y Eusebio de Samosata, supliéndolos por obispos arrianos. Eusebio de Samosata debió andar errante a campo traviesa por Siria y Palestina, teniendo a veces que disfrazarse de soldado, mientras sus ovejas gemían bajo el obispo usurpador. También

Atanasio cayó en esta redada, siendo desterrado una vez más. Sería su quinto y último destierro. Esta vez se quedó en Alejandría, escondiéndose en el monumento fúnebre de su familia. Pero a los cuatro meses, por presión de los fieles de Alejandría, pudo volver a asumir la conducción de su sede, donde gobernó tranquilamente la diócesis, permaneciendo allí hasta su muerte, el 2 de mayo del 373.

El Emperador estaba airado. Había fracasado en Alejandría. ¿Sucedería otro tanto con la misma sede imperial? Justamente la diócesis de Constantinopla estaba vacante. Los católicos se inclinaron por el nombramiento de un tal Evagrio, que inmediatamente fue consagrado como obispo. Valente, indignado, lo envió al destierro, juntamente con su consagrante, tratando de suplirlo por el candidato de los arrianos. Como los católicos se opusieron, el Emperador procedió enérgicamente contra ellos y extendió enseguida la persecución a las provincias del Imperio. Todos los obispos debían suscribir la fórmula de fe de Rímini-Seleucia, so pena de perder sus sedes. Clérigos y monjes fueron arrestados, luego desterrados y condenados a trabajos forzados en la minas. Once obispos resultaron deportados.

Hubo una zona en la que el Emperador prefirió llevar adelante otra política, restringiendo allí llamativamente la persecución. Era Capadocia, provincia del Asia Menor. Desde el año 370 regía Basilio, en calidad de metropolita, los destinos de esa importante provincia eclesiástica, con sede en Cesarea. Procedía de una prestigiosa familia cristiana y era un hombre de notable cultura, adquirida en las escuelas de Constantinopla y Atenas. En el campo religioso se había mostrado siempre como acérrimo defensor de la fe de sus mayores. Uníanse asimismo en él, y de manera admirable, las dotes de gobierno con la habilidad diplomática. Su entereza y coherencia de carácter impresionaban a cualquiera que lo conociese de cerca. Frente a un hombre así, el gobierno imperial prefirió seguir una táctica de seducción, mostrando especial interés en ganárselo para sus fines, en orden a lo cual encargó al prefecto Modesto que lo fuera a entrevistar. El encuentro de ambos nos lo describe su amigo, Gregorio de Nacianzo, en la oración fúnebre que pronunciara con motivo de la muerte del gran obispo. Basilio, allí nos dice, rechazó con actitud señorial tanto las tentativas de halagos y obsequios para convencerle, como las amenazas cada vez más airadas del ministro. Cuando el prefecto, asombrado, le confesó que nunca había conocido a nadie que se hubiese atrevido a hablarle con tanta franqueza y libertad, recibió esta cortante y gallarda respuesta: "Quizás no has tenido todavía que habértelas con un obispo." El Emperador conoció el resultado de esta entrevista por un informe de su ministro. Poco más adelante, en viaje por las provincias del Asia Menor, asistió Valente el día de Epifanía a la celebración de la Santa Misa en la catedral de Basilio, y quedó tan impresionado por la majestad con que celebraba el obispo, que renunciando a todos los intentos de ganarlo para la confesión arriana, lo dejó en su puesto y hasta lo ayudó en sus obras de caridad.

De esta suerte, el obispo de Cesarea se fue convirtiendo cada vez más en el punto de referencia de todos los católicos perseguidos del Oriente. Basilio, por su parte, no defraudó tales expectativas, trabajando sin descanso para fortalecer a los católicos y reunir todos los grupos que profesaban la fe de Nicea. Proveyó, asimismo, las sedes episcopales, cuando quedaban vacantes, con hombres fieles a Nicea, o erigía nuevas diócesis a fin de aumentar el número de sus sufragáneos.

¿Qué pasaba en el entretanto con Valente? A Atanasio se le había ocurrido una estrategia apostólica: aprovechar que el Occidente gozaba de paz bajo la dirección de Valentiniano, que como dijimos era un príncipe católico, para que éste intercediera ante su hermano en favor de la Iglesia oriental. El intermediario ideal para que se diese dicho paso no podía ser otro que el mismo Atanasio, quien desde hacía tanto tiempo no sólo mantenía relaciones cordiales con el Occidente, sino que también conocía mejor que nadie las dificultades en que se debatía la Iglesia oriental. También Basilio, desde que recibió la consagración episcopal, participaba del mismo proyecto y había conversado largamente sobre él con Atanasio, quien apreciaba particularmente al joven obispo, hasta el punto de haber agradecido públicamente a Dios el haber dado a Capadocia un pastor tan ejemplar. Ambos parecían hechos para entenderse. Sin embargo, el proyecto de Atanasio no se pudo concretar.

Por lo demás, otra vez los acontecimientos de la política tuvieron efectos significativos para el asunto que nos interesa. Valentiniano había muerto. Una insurrección que estalló en los Balcanes forzó al emperador Valente a solicitar la ayuda del que en ese momento era Emperador de Occidente, su sobrino Graciano. Quizás para bienquistarse con él, antes de dirigirse a la zona del conflicto, revocó los mandatos de exilio contra los obispos católicos. Pero como los sublevados presionaban, debió adelantar su partida, sin aguardar que llegaran las tropas de refuerzo de Graciano. Lanzóse a la batalla en Adrianópolis y allí perdió el trono y la vida. Era el año 378. En enero del 379 designó Graciano como co-augusto al general español Teodosio, y le confió el gobierno del Oriente. Ahora ambos emperadores profesaban la fe de Nicea.

III. El triunfo de la ortodoxia

Teodosio no tardó en dar claras señales de sus convicciones religiosas, emprendiendo desde el principio una enérgica lucha contra los últimos vestigios de paganismo y en defensa de la ortodoxia. Las medidas que tomó en este sentido para el Oriente, las fue extendiendo luego a la regiones occidentales, gracias al influjo que en ellas tenía, y de un modo definitivo al ser proclamado único emperador. Especial énfasis puso en arremeter contra el arrianismo, muy pujante todavía en el Oriente, sobre todo por el apoyo que le había dado su predecesor Valente.

Como primera medida hizo pública una escueta pero tajante "declaración" en materia de política religiosa, dirigida a la población de Constantinopla, pero indirectamente a todo el Imperio. Allí decía que "era su voluntad que todos los pueblos sometidos a su cetro abrazasen la fe que la Iglesia romana había recibido de San Pedro, y que enseñaban entonces al papa Dámaso y Pedro de Alejandría". Sólo los que profesasen esta fe podrían llevar el nombre de cristianos católicos, mientras que los demás, manchados por la infamia de la herejía, no podían llamar iglesias a sus propios conventículos y debían esperar las sanciones divinas no menos que las imperiales.

No se trató, por cierto, de un acto personal de fe ortodoxa, como se ve por el hecho de que esta ley fue incluida en la colección legislativa oficial de los códigos de Teodosio y luego de Justiniano. Es indudable que la intención del Emperador era promover no una de las confesiones cristianas, cual si se tratara de una opción libre, sino *la* confesión católica, la nicena, en que él había sido educado, y que profesaban tanto el Papa como los buenos obispos. El edicto imperial suena como intolerante para los oídos modernos, pero la cuestión de la tolerancia, tal cual se la entiende hoy, no se le planteaba a Teodosio, como tampoco a los demás emperadores del siglo IV. Ni fue, por lo demás, una decisión césaro-papista, ya que señaló claramente su voluntad de llevarla a cabo en unión con los representantes eclesiásticos de la fe de Nicea, en concordancia con el papa Dámaso y el obispo Pedro de Alejandría.

Destaquemos la figura del papa Dámaso, oriundo de una familia cristiana de España. Dámaso acompañó muy de cerca a los gobernantes que favorecieron la ortodoxia, con posterioridad a Juliano el Apóstata, es decir, Valentiniano I, Graciano y, sobre todo, Teodosio. Principalmente con este último colaboraría de manera estrecha en su lucha contra la herejía arriana y también en los combates siguientes, como el que se llevó contra el apolinarismo.

Teodosio puso manos a la obra. No bien hizo su entrada triunfal en Constantinopla, al advertir que la mayor parte de las iglesias estaban en manos de los arrianos, que dominaban esa ciudad desde hacía cuarenta años, ordenó a su jefe, el obispo arriano Demófilo, que las entregara todas, como se hizo inmediatamente. Luego exhortó al mismo obispo a que se pasase a la ortodoxia. Ante su negativa, puso en ese puesto a Gregorio de Nacianzo, que hasta entonces había sido jefe de una pequeña comunidad ortodoxa, que vivía poco menos que arrinconada en la capital. La toma de posesión del nuevo obispo fue acompañada por el Emperador en persona, lo que señala la importancia que se le quiso dar a ese hecho.

Tras ello, dispuso Teodosio una medida trascendental, la convocatoria de un concilio ecuménico, que se realizaría el año 381 en la ciudad de Constantinopla. Ya el año anterior, había dado a entender dicho proyecto al obispo Acolio de Tesalónica, quien inmediatamente lo comunicó al papa Dámaso. El Papa se mostró plenamente de acuerdo.

Acudieron al Concilio numerosas personalidades religiosas, entre los cuales San Gregorio de Nacianzo, San Gregorio de Nyssa, su hermano San

Pedro de Sebaste, San Cirilo de Jerusalén, Diodoro de Tarso, y más tarde una nutrida representación del Egipto, encabezada por Timoteo de Alejandría. Recordemos que Atanasio había muerto ocho años atrás. Antes de iniciarse las actividades, los participantes fueron recibidos por el Emperador. Las sesiones, que comenzaron enseguida, no tuvieron lugar en su palacio, negándose Teodosio a participar personalmente en ellas, para que la libertad de discusión quedase plenamente garantizada.

Antes de abocarse a los temas doctrinales se trató, según parece, del reconocimiento de Gregorio Nacianceno como legítimo pastor de la comunidad de Constantinopla. A los pocos días, murió de improviso el obispo que había sido elegido como presidente del Concilio, y entonces confirieron dicho cargo al que ahora era su anfitrión, el nuevo obispo de Constantinopla.

No han llegado hasta nosotros las actas de sesiones del Concilio, pero es muy probable que en las primeras semanas se haya tratado acerca de la recta doctrina sobre el Espíritu Santo, que en esos momentos era apasionadamente discutida en la parte oriental del Imperio. En el símbolo del Concilio de Nicea, abocado como estaban al gran tema del Verbo, la fe de la Iglesia en el Espíritu Santo se había expresado en fórmulas aún elementales. Pero luego surgieron diversas dudas sobre su divinidad, sosteniendo algunos que el Espíritu no era sino una creatura, como los arrianos habían afirmado del Verbo. Nuevamente se negaba la "consustancialidad", pero esta vez en relación con el Espíritu Santo. Teodosio tenía especial interés en que se arreglase esta situación con los "pneumatómacos", como llamaban a los que negaban la divinidad del Espíritu Santo. Pero ello no fue posible. A pesar de todos los esfuerzos, especialmente de parte de Gregorio Nacianceno, no hubo forma de que el grupo reconociese su error, por lo que abandonaron inmediatamente el Concilio, poniendo en guardia a sus seguidores, mediante una carta circular.

Continuaron las sesiones. Siguiendo el ejemplo dado en Nicea, y atendiendo a la situación de la Iglesia en este nuevo momento, se quiso renovar la doctrina sobre el Verbo encarnado mediante una fórmula de fe, que fuera a la vez un credo, o confesión de fe, donde estuviese incluido el credo de Nicea, pero con un agregado especial donde quedase zanjada la cuestión pneumatológica. Así se llegó a un acuerdo dogmático, bajo el título de "Símbolo de los cientos cincuenta padres de Constantinopla", que desde fines del siglo VI sería introducido en la liturgia de la misa latina y hoy es conocido con el nombre de "credo nicenoconstantinopolitano".

De este modo quedó completado el símbolo de Nicea, incluyéndose el tema del Espíritu Santo. La importancia teológica de este símbolo no radica en la reiteración de las declaraciones nicenas sino más bien en los nuevos enunciados sobre el Espíritu Santo. Mientras que cuando se refería a la tercera persona de la Trinidad, el Niceno decía sencillamente: "Creemos en el Espíritu Santo", aquí aparecen varias ampliaciones: "Señor y dador de vida, que procede del Padre, que con el Padre y el Hijo recibe una misma adoración y gloria y que habló por los profetas". Al decirse "Señor y dador de vida" se reivindica el carácter señorial y divino también para el Espíritu Santo, lo mismo que para el Padre y para el Hijo. Las palabras "dador de vida" quieren significar que el así calificado es Dios, porque tiene la capacidad de comunicar la vida sobrenatural. Con la fórmula "que procede del Padre" se quiso rechazar la tesis de unos herejes llamados "macedonianos", según los cuales el Espíritu era un ser creado por el Hijo; el hecho de proceder del Padre es prueba de su divinidad. Pero la afirmación más decisiva de la divinidad de la tercera persona se contiene en la frase: "que con el Padre y el Hijo recibe una misma adoración y gloria". Precisamente por la inclusión del Espíritu Santo en la doxología o glorificación de Dios –"recibe una misma gloria"–, que luego pasaría a la liturgia, había luchado la teología ortodoxa ya desde Cirilo de Jerusalén. Estos diversos enunciados equivalen, pues, a una confesión de la *homousía*, consustancialidad, del Espíritu Santo.

El Concilio agregó un canon sobre esta materia, lanzado el anatema "especialmente contra la herejía de los pneumatómacos". Un edicto subsiguiente del Emperador sacó las consecuencias prácticas de dicha sentencia al ordenar que esos herejes, si tenían templos a su cargo, debían entregarlos inmediatamente a los obispos "que confiesen que el Padre, el Hijo y el Espíritu Santo tienen la misma majestad y poder, el mismo honor y gloria".

IV. La resistencia católica, visión panorámica

Tal fue el periplo que recorrió la crisis arriana, luego de cerrado el período de las persecuciones del Imperio Romano. Este nuevo período de la edad antigua en la historia de la Iglesia es bien distinto del primero. En aquél la Iglesia debió sobrevivir al ataque abrumador del Imperio aún pagano; en éste, en cambio, el problema ya no se plantea con el paganismo del Estado, del que recibe la libertad, al comienzo, y luego la preferencia, sino con los peligros de la protección que el Estado comenzó a otorgar a la Iglesia, que en la práctica trajo consigo indebidas intromisiones del mismo en los asuntos eclesiásticos. Dicha protección tuvo, por cierto, efectos beneficiosos para la Iglesia, ya que gracias a ella pudo penetrar en las diversas capas de la sociedad así como construir basílicas para el culto a todo lo largo y ancho del Imperio. Pero implicó también efectos negativos cuantas veces los emperadores favorecieron y apoyaron la herejía.

1. Los grandes obispos de la lucha antiarriana

Al tratar de estos azarosos años, que van desde el Concilio de Nicea, el año 325, al de Constantinopla, el año 381, uno de los períodos más lúgubres en la historia de la Iglesia, nos hemos encontrado con personajes bien diversos, los mismos que aparecen siempre en las épocas de crisis de la Iglesia: los herejes, los traidores, los componenderos, los pastores mercenarios, pero también los héroes y los santos. Concentrémonos ahora en estos últimos, cuyo modo de encarar los acontecimientos nos muestra cómo la Iglesia se las ingenió para superar los gravísimos peligros de aquellos tiempos, acabando por triunfar cuando todo hacía presumir lo contrario.

Señalemos en primer lugar a *Osio*, obispo de Córdoba, gloria de nuestra estirpe, ya que era oriundo de España. Los arrianos lo odiaban, porque fue consejero de emperadores, presidente de concilios, gran amigo y defensor acérrimo de Atanasio, una de las columnas de la fe ortodoxa. Por eso usaron toda clase de recursos para hacerlo flaquear, como habían hecho con el papa Liberio. En cierta ocasión fue llevado a Milán, donde el mismo Constancio, en complicidad con los arrianos, se empeñó en doblegar su resistencia. A todo trance buscaban que abandonase la causa de Atanasio y se uniera a ellos. Pero Osio se mantuvo entero. Incluso tuvo el coraje de escribirle una carta al Emperador, que es el testimonio más espléndido de la integridad de su fe y de la dignidad del episcopado frente a la indebida intromisión de los príncipes seculares: "Acuérdate que eres mortal. Teme el día del juicio y consérvate puro para él. No te entrometas en los asuntos eclesiásticos ni nos mandes sobre puntos en que debes ser instruido por nosotros. A ti te dio Dios el Imperio; a nosotros nos confió la Iglesia. Y así como el que te robase el Imperio se opondría a la ordenación divina, del mismo modo guárdate tú de incurrir en el horrendo crimen de adjudicarte lo que toca a la Iglesia...".

Por lo que se refiere a lo que los herejes y el mismo Constancio esperaban de él, termina con estas palabras: "Yo no sólo no me adhiero a los arrianos, sino que anatematizo su herejía; ni suscribo contra Atanasio, a quien tanto yo como la Iglesia romana y todo el sínodo [de Sárdica] declaró inocente".

En vez de agradecer tan atinadas advertencias, Constancio se obstinó en seguir adelante con su política religiosa, y no trepidó en tomar medidas contra su admonitor, hasta llegar a desterrarlo. Por desgracia, durante el exilio, el ya nonagenario obispo de Córdoba tuvo un momento de debilidad. Como dice de él su gran amigo Atanasio: "Cedió a los arrianos un instante, no porque nos creyera a nosotros reos, sino por no haber podido soportar los golpes a causa de la debilidad de la vejez". Parece que los innúmeros sufrimientos lo dejaron extenuado. Algo parecido a lo que, en nuestros tiempos, le pasaría al cardenal Mindszenty. Pero inmediatamente se retomó, arrepintiéndose de su momentáneo desfallecimiento.

La fe de Nicea encontró también excelentes defensores en los tres grandes doctores de Capadocia, Basilio de Cesarea, su hermano Gregorio de Nyssa, y su amigo Gregorio de Nacianzo. Destaquemos ante todo la figura de *San Basilio*, de quien algo dijimos anteriormente. Nació en Cesarea de Capadocia, hacia el año 330, en una familia notablemente virtuosa: su abuela paterna, Macrina, fue santa, y su abuelo materno, mártir; entre sus diez hermanos, dos de ellos alcanzaron la santidad, Gregorio de Nyssa y Pedro de Sebaste. Cursó estudios de retórica en Cesarea, Constantinopla y Atenas. Junto con Gregorio de Nacianzo compuso la "Filocalia" así como dos "Reglas" para los monjes, lo que permite ver en él al fundador del monacato griego. Hemos observado con cuánta valentía se opuso a las presiones imperiales que sobre él se hicieron para lograr que se adhiriera a los arrianos. En cierta ocasión, se dirigió así al prefecto imperial: "En todas las otras cosas, oh prefecto, somos mansos y de trato agradable; personalmente nos dejamos tratar como los últimos y los más abyectos; sufrimos lo que los menores ciudadanos no querrían sufrir, prescribiéndonoslo así la ley divina; y entonces no levantamos la cabeza, no digo solamente contra un tan gran Emperador, sino contra el más oscuro y el más vulgar de nuestros semejantes. Pero desde el momento en que nos parece que Dios es cuestionado, desde que está en peligro, entonces sólo vemos a Dios, y ninguna consideración puede ya detenernos".

Plenamente consciente de la extre-ma gravedad de la tempestad arriana, le escribía así a Atanasio, su gran amigo, en el 371: "La Iglesia entera está en disolución". Murió en el 379, poco antes del Concilio de Constantinopla.

Distingamos, asimismo, la figura de *San Gregorio de Nacianzo*. Nació en el 330 y se formó en lo mejor de la cultura clásica, pasando por las escuelas de Cesarea, Alejandría y Atenas. Consagrado obispo, el pequeño grupo niceno de Constantinopla le rogó que les ayudara a reconstruir la Iglesia en aquella diócesis, entonces dominada por los arrianos, poco antes de que Teodosio entrara en esa ciudad y lo hiciera obispo de la misma. Tras renunciar a esa gloriosa sede, se hizo cargo de la de Nacianzo, en Capadocia, falleciendo en el 390.

Fue Gregorio testigo de todas las polémicas que jalonaron las disputas contra los arrianos, así como de las tan múltiples como inútiles reuniones de obispos, sínodos y concilios de todo género. Respecto de ello así escribía en una de sus cartas:

> Me siento inclinado a evitar todas las conferencias de obispos, pues no he visto nunca una que llevase a un resultado feliz, ni que remediase los males existentes, sino más bien los agravase.

Y refiriéndose más en general a los obispos, en otro de sus escritos leemos:

> Ciertamente los pastores actuaron como unos insensatos, porque salvo un número muy reducido, que fue despreciado por su insignificancia o que resistió por su virtud, y que había de quedar como una semilla o una raíz de donde renacería de nuevo Israel bajo el influjo del Espíritu Santo, todos cedieron a las circunstancias, con la única diferencia de que unos sucumbieron más pronto y otros más tarde; unos estuvieron en la primera línea de los campeones y jefes de la impiedad, otros se unieron a las filas de los soldados en batalla, vencidos por el miedo, por el interés, por el halago o, lo que es más inexcusable, por su propia ignorancia.

Encontramos también su firma en una carta colectiva que 32 obispos orientales, Basilio entre ellos, dirigieron a los obispos de Italia y las Galias.

El cuadro que pintan no deja de ser trágico:

> Se trastornan los dogmas de la religión; se confunden las leyes de la Iglesia. La ambición de los que no temen al Señor salta a las dignidades, y se propone el episcopado como premio de la más descarada impiedad, de suerte que a quien más graves blasfemias profiere, se le tiene por más apto para regir al pueblo como obispo. Desapareció la gravedad episcopal. Faltan pastores que apacienten con ciencia el rebaño del Señor... La libertad de pecar es mucha. Y es que quienes han subido al gobierno de la Iglesia por empeño humano, lo pagan luego consintiéndolo todo a los que pecan... La maldad no tiene límite; los pueblos no son corregidos; los prelados no tienen libertad para hablar. Porque quienes adquirieron para sí el poder o dignidad episcopal por medio de los hombres, son esclavos de quienes les hicieron esa gracia...
>
> Sobre todo eso ríen los incrédulos, vacilan los débiles en la fe, la fe misma es dudosa, la ignorancia se derrama sobre las almas, pues imitan la verdad los que amancillan la palabra divina en su malicia. Y es que las bocas de los piadosos guardan silencio, y anda suelta toda lengua blasfema. Lo santo está profanado; la parte sana de la gente huyen de los lugares de oración como de escuelas de impiedad y marchan a los desiertos, para levantar allí, entre gemidos y lágrimas, las manos al Señor del cielo. Porque sin duda ha llegado hasta vosotros lo que sucede en la mayor parte de las ciudades: la gente, con sus hijos y mujeres y hasta con los ancianos, se derraman delante de las murallas y hacen sus oraciones al aire libre, sufriendo con gran paciencia todas las inclemencias del tiempo, esperando la protección del Señor.

A los que cuestionaban a Atanasio y la falange atanasiana por sus "extremismos", San Gregorio les decía:

> Por suaves y tratables que fuesen en otras cosas, había un punto en que no sufrían ser acomodaticios y fáciles, a saber, cuando por causa del silencio o del descanso, la causa de Dios era traicionada; entonces de golpe se tornaban belicosos, ardientes y encarnizados en los combates, porque su celo era una llama; y se exponían con más facilidad a hacer lo que no era conveniente que a dejar de obrar donde el deber así lo exigía.

Entre los santos clarividentes y heroicos citemos a *San Hilario*. Nacido a comienzos del siglo IV en una familia pagana, se convirtió al cristianismo siendo ya adulto. Hacia el 350 ocupó la sede de Poitiers. Desde que fue consagrado obispo, toda su actividad eclesiástica y literaria giró en torno a la defensa de la ortodoxia frente a los arrianos y el emperador Constancio. El año 356 asistió a un concilio en la Galia, donde se decretó su deposición y destierro a Frigia, en razón de la postura francamente antiarriana que había asumido. Hilario aprovechó el exilio para familiarizarse con el espíritu de los griegos y con los Padres orientales, así como para conocer a fondo el monacato de Oriente. Fue también allí donde captó en toda su gravedad la complejidad teológica de la teología arriana. Vuelto a su sede, el año 359, luchó como pocos contra la herejía dominante. De Hilario ha dicho el cardenal Pie, su sucesor en la diócesis de

Poitiers durante la segunda mitad del siglo XIX, que sin él las Galias habrían zozobrado en el abismo de la herejía, quedando reducido el cristianismo a un Cristo meramente terreno. A combatir dicha herejía dedicó toda su vida. Sus escritos, sus viajes, sus exilios, sus oraciones no tuvieron sino ese objeto: afirmar la divinidad del Verbo, la divinidad de Cristo y, por consiguiente, del cristianismo. "Todas las facultades de Hilario –afirma Pie–, todas las parcelas de su ser no tenían sino una voz y no emitían sino un sonido: Mi Señor y mi Dios, Verbo eterno, Verbo hecho carne". Se mostró, una vez más, agrega el ilustre cardenal, la conveniencia de que haya herejías, según la atrevida expresión de San Pablo, ya que por causa del arrianismo, la Iglesia engendró un defensor del Verbo, un esclarecedor del misterio del Verbo, un vindicador de la doctrina del Verbo.

La lucha que debió entablar Hilario fue realmente terrible. A veces decía que hubiera preferido ser obispo en tiempos de Nerón o de Decio, ya que en ese caso el combate habría sido contra enemigos declarados, y hubiese podido levantar su voz en medio de los tormentos, de modo que el pueblo, testigo de una persecución manifiesta, lo habría acompañado en la confesión de la fe. En cambio el asunto era ahora más complejo. La lucha se entablaba contra un perseguidor que engaña, contra Constancio, que finge ser cristiano, que no hace mártires, que torna imposible la palma de la victoria. Hilario no teme desenmascararlo: "Yo te lo digo, Constancio, tú combates contra Dios". Para colmo, dentro de la Iglesia eran muchísimos los obispos que consentían con el arrianismo, lo que hacía inmensamente ardua la resistencia. Hilario entendió que no podía quedar convertido en un simple espectador: "Es tiempo de hablar, porque el tiempo de callar ha pasado (*tempus est loquendi, quia jam praeterit tempus tacendi*)". Le preguntaban, a veces, si no tenía miedo. A lo que respondía: "Sí, verdaderamente tengo miedo; tengo miedo de los peligros que corre el mundo; tengo miedo de la terrible responsabilidad que pesaría sobre mí por la connivencia, por la complicidad de mi silencio; tengo por fin miedo del juicio de Dios; tengo miedo por mis hermanos que se apartaron del camino de la verdad; tengo miedo por mí, porque es deber mío conducirlos allí".

Hilario fue considerado la columna de la fe en Occidente, por lo que lo llamaron "el Atanasio de Occidente". En cuanto a su producción literaria, además de un tratado, *Sobre la Trinidad*, el primero en el mundo latino sobre dicho tema, publicó diversas obras acerca de los sínodos, así como comentarios a la Escritura, varios memoriales al emperador Constancio y escritos de carácter histórico contra los arrianos. Murió en el 366.

Tanto admiraba el cardenal Pie a su glorioso antecesor que le pidió al papa Pío IX lo declarase Doctor de la Iglesia. Cuando el Papa accedió a su pedido, el obispo de Poitiers pronunció una espléndida homilía donde señalaba la actualidad del pensamiento de San Hilario: "Que salga de su tumba, que vuelva en medio de nosotros el gran defensor de la consustancialidad del Verbo, el campeón de la inmutabilidad de la verdad revelada. Estamos en pleno arrianismo, porque estamos en pleno racionalismo. Arrio no arrebató al Verbo de Dios su divinidad sino para poner la creatura a su nivel; y la filosofía contemporánea no proyecta rebajar al Verbo divino sino para igualarse a él, digo mal, para elevarse por encima de él. ¡Huesos de Hilario, temblad de nuevo en vuestro sepulcro y clamad una vez más: «Señor, ¿quién es semejante a ti?»".

Tras la muerte de Hilario, la Iglesia halló un valeroso campeón de la fe en *San Ambrosio*, obispo de Milán. Nació en Tréveris hacia el 357, de una familia aristocrática, siendo su padre prefecto de las Galias. Después de la muerte de éste, se trasladó a Roma, donde estudió retórica y derecho. Pronto fue nombrado cónsul de Liguria y Emilia, con residencia en Milán, donde resolvió hacerse cristiano. Mientras se estaba preparando para el bautismo, fue llamado a intervenir como funcionario, en una disputa entre arrianos y católicos, ocasionada por la muerte del obispo arriano Auxencio. En el curso de su intervención, el pueblo lo aclamó como obispo, a lo que se opuso enérgicamente el clero arriano. Ambrosio, que no podía ocultar su extrañeza por tan extraño e inesperado ofrecimiento, acabó por aceptar, y entonces, luego de ser bautizado, recibió las órdenes mayores, incluido el episcopado. En el 378 se entrevistó con el emperador Graciano, quien le pidió que le instruyera en la fe contra el arrianismo. Cuando en el año 386 la emperatriz Justina exigió que una de las basílicas de Milán fuese entregada para el culto arriano, Ambrosio hizo que el pueblo fiel ocupase día y noche el edificio en cuestión. Según cuenta San Agustín, entonces presente en Milán y en vísperas de su conversión, fue en esa ocasión que Ambrosio introdujo en la Iglesia latina el uso oriental de los himnos y salmos cantados por la multitud. Cuando Teodosio suba al poder, Ambrosio será su principal consejero, si bien ello no obstó a que en ocasiones le echara en cara sus desaciertos, según lo declaramos en la conferencia anterior. Murió el santo en el año 397.

A San Ambrosio siguieron más tarde *San Agustín y San Jerónimo*. Pero por razones de tiempo nos detendremos con más prolijidad en la figura paradigmática que ha estado siempre presente a lo largo de esta conferencia: *San Atanasio*. Nació hacia el 295, probablemente en Alejandría, de una familia cristiana, de origen griego. Alejandría era por aquel entonces un punto de encuentro de razas y religiones. Había allí numerosos judíos, por lo general acaudalados, que vivían juntos en barrios a ellos reservados; había paganos, adoradores de las antiguas divinidades nacionales, sobre todo de Serapis, cuyo culto había acabado por suplantar a los demás; había también cristianos, algunos católicos, otros pertenecientes a conventículos heterodoxos, maniqueos, gnósticos, etc. La persecución ordenada por Diocleciano se hizo sentir cruelmente en Egipto y de modo particular en Alejandría. Pulularon allí los confesores de la fe, que fueron torturados, golpeados, colgados del techo sin poder apoyar sus pies. Pero, como refiere un contemporáneo, la tortura no espantaba a aquellos egipcios duros: "Ellos fijaban el ojo de su alma en el Dios del universo, y aceptando en su pensamiento la muerte por su religión, se mantenían firmemente en su vocación". Se comprende que un espectáculo semejante era ideal para suscitar almas esforzadas, católicos heroicos. Poco más de cien años antes, el joven Orígenes había encontrado ya en las persecuciones el alimento de su fe vibrante y comunicativa; habiendo animado al martirio a su propio padre y a sus amigos, había aprendido la belleza que se esconde en el hecho de dar la vida por Cristo. Ahora el joven Atanasio hacía como él, se ejercitaba por anticipado, al ver sufrir a sus hermanos, o al enterarse de lo que habían sufrido, en lo que sería su larga vida de combate ininterrumpido. ¡Cómo aprovecharía esas lecciones de su infancia! Al fin y al cabo toda su existencia no será otra cosa que una lucha ardiente por la verdad católica.

De su persona física poco sabemos. Gregorio de Nacianzo alaba su apostura y su simpatía. Juliano el Apóstata, en cambio, dice que era de pequeña talla, pero la afirmación proviene de un enemigo. Lo que más nos interesa es su personalidad. La educación que recibió fue la clásica en aquellos tiempos. Frecuentó a Homero, a Platón, y aprendió a admirar a los grandes pensadores y literatos de Atenas. Se inició también desde su adolescencia en el conocimiento de las Sagradas Escrituras. Asimismo resultó decisivo en su espiritualidad la relación familiar que mantuvo con el monje San Antonio, el patriarca del monacato en Egipto. Luego, como ya lo hemos señalado, los monjes serían sus mejores amigos.

Ya hemos relatado cómo, siendo todavía diácono, el obispo Alejandro lo eligió para que fuese su secretario. De ese tiempo es su magnifico tratado *Sobre la encarnación del Verbo*. El tema del Verbo, tanto eterno como encarnado, será su gran preocupación, desde la juventud hasta la muerte. Por eso es fácil imaginar el gusto con que habrá recitado por primera vez el símbolo de Nicea. Tal fue su bandera de combate, el santo y seña de la ortodoxia. Por defender dicho símbolo tendría que sufrir cinco destierros, el primero bajo Constantino, desde 335 a 337, en la ciudad de Tréveris; el segundo bajo Constancio, en Roma, desde 339 a 346; el tercero, nuevamente bajo Constancio, en el desierto de Egipto, desde 356 a 362; el cuarto bajo Juliano, en el mismo lugar, de 362 a 363; y el quinto bajo Valente, quien lo envió al desierto, si bien pudo eludir dicha proscripción, escondiéndose en la misma Alejandría del 365 al 366. Es decir que de sus cuarenta y cinco años de episcopado pasó diecisiete en el destierro. Todo por su defensa apasionada del misterio del Verbo.

Atanasio fue literariamente muy prolífico, desde sus juveniles apologías del cristianismo contra los paganos hasta sus últimos y maduros trabajos de edificación y de exégesis. En las largas temporadas de destierro, el libro fue para él una preciosa suplencia de su apostolado interrumpido. Cuando le impedían hablar, cuando su voz era demasiado débil para dominar el alboroto de los herejes, se ponía a escribir. Entonces relataba al detalle las maniobras desleales de los arrianos, sus mentiras, sus violencias, los procedimientos indignos que habían usado contra él para reducirlo al silencio y expulsarlo de su sede. Fuera de las dos apologías que escribió durante su juventud, las demás obras, sean históricas, exegéticas o teológicas, siempre se encaminaron a defender la fe de Nicea. Nombremos la *Apología contra los arrianos*, donde se pinta muy al vivo la agitación de aquellos tiempos, en los años 340-350; la *Apología al emperador Constancio*, la *Apología de su fuga* y la *Historia de los arrianos para los monjes*. Señalemos también su encantador libro *De virginitate*, una de las joyas de la literatura ascética.

Pero lo que más resalta en su personalidad episcopal es su capacidad combativa. Siempre en vigilia, siempre presto a entablar la batalla de las ideas, nunca sacando el cuerpo a las dificultades. Bien señala su biógrafo Gustave Bardy que si es cierto que los santos del siglo IV son gigantes, el de Alejandría es quizás el más grande de ellos. Un obispo realmente indomable, impertérrimamente fiel a la vocación que Dios le señaló en la Iglesia, la de ser defensor del Verbo encarnado, el vengador de su gloria. En ningún instante, dice Bardy al terminar su libro, hemos podido captar una señal de desfallecimiento o de desánimo en esta alma tan magnánima, siempre en la brecha, siempre ocupada en batallar o en preparar sus armas. En medio de tantas defecciones y cobardías, a veces bajo el disfraz de la prudencia, Atanasio fue siempre "columna de la Iglesia", como lo calificó Gregorio de Nacianzo, sin solución de continuidad. Hubo en su vida un momento, después del doble concilio de Rímini y de Seleucia, en que la ortodoxia de

Nicea pareció verse definitivamente arrastrada por la tempestad del arrianismo. Entonces Atanasio fue casi el único que permaneció fiel a la fe de su juventud.

Cultor tajante de la verdad. Recordemos aquellos intentos del bueno de Constantino para sedar los ánimos con soluciones de compromiso. Los dos puntos de vista eran diametralmente diferentes. De un lado el Emperador, cuidando mantener la balanza en equilibrio, con el deseo de reestablecer la concordia, aunque fuera en detrimento de la ortodoxia; del otro, el obispo empedernido, únicamente interesado en la defensa de la verdad y de los derechos de la Iglesia.

Lo que más le ha de haber costado es su coexistencia con tantos obispos felones y componenderos, quizás la inmensa mayoría del episcopado de su tiempo. Políticos hábiles, hombres de terceras posiciones, prestos a todos los arreglos y transacciones, hostiles por lo mismo a todos los "extremismos", como decían, su encarnizamiento contra Atanasio tuvo por causa principal la firmeza del obispo de Alejandría, campeón incólume de una causa tan noble como la de la fe de Nicea y la divinidad del Salvador. Él tuvo ese honor.

No nos gustaría pasar por alto un aspecto de su inteligente acción pastoral. Siempre nos ha parecido que las grandes crisis de la Iglesia sólo comienzan a remontarse con el nombramiento de un pléyade de obispos lúcidos y valientes. No obró de otra manera nuestro santo. Sobre todo en el ámbito de Egipto, que era el de su jurisdicción, se preocupó por propiciar a los mejores para que ocuparan las sedes episcopales. Aprovechando la experiencia que le brindó su contacto con los monjes del desierto, además de recibir sus consejos, promovió a varios de ellos al episcopado, sobre todo cuando los veía no sólo personas espirituales sino también hombres de temple y celo apostólico. A uno de ellos le dijo en la ceremonia de consagración: "Tienes que saber y no dudes de ello: antes de tu elección, vivías para ti; después, para tus ovejas. Antes de recibir la gracia del episcopado, nadie te conocía; ahora el pueblo espera que tú le aportes el alimento y la enseñanza de la Escritura".

Durante uno de sus exilios, así exhortaba Atanasio a sus hermanos en el episcopado: "No es hoy la primera vez que la Iglesia sostiene el orden y el dogma. Ambos le fueron seguramente confiados por los Padres. Tampoco comienza hoy la fe, sino que nos viene del Señor a través de sus discípulos. Ojalá que no sea abandonado en nuestros días lo que la Iglesia custodió desde el principio, ojalá no traicionemos lo que nos ha sido confiado. Hermanos, como ministros de los misterios divinos no permanezcáis inertes pues veis cómo todos estos tesoros son saqueados por el enemigo".

Si de todas las Iglesias orientales, tan prontas a acoger las novedades, sólo la de Alejandría, que era por cierto la segunda ciudad en importancia del Imperio en el Oriente, conservó intacta su adhesión a la fe de Nicea, se lo debe, después de a Dios, a su obispo, no sólo por la sólida organización con que la dotó mientras pudo ejercer directamente su ministerio, sino también por la solicitud con que veló por ella durante sus años de exilio, mediante cartas festales, emisarios y quizás visitas furtivas.

Largos fueron los años de su episcopado, no menos de cuarenta y cinco. Ya su salud se deterioraba y la vejez se iba apoderando de él. Pero su alma permanecía siempre joven, soportando con entereza el peso de los años y la heridas sufridas por Cristo, siempre tan ardiente, tan tenaz, tan inquebrantable en su adhesión a la verdad católica. Así permanecería hasta el fin. Los siete últimos años de su vida no fueron un tiempo de reposo a no ser que se los compare con los precedentes. Porque, cada vez más, Alejandría se iba convirtiendo en el corazón del Oriente católico, y Atanasio en el consejero de todos los ortodoxos. De las más diversas partes del mundo se dirigían al gran obispo, que llevaba sobre sus espaldas el peso de la Iglesia universal. El anciano Atanasio, desde su ciudad episcopal, respondía a todas las consultas, aclaraba, animaba, fortificaba. Es cierto que sus últimos escritos no son ya, como los de los tiempos heroicos, obras de combate, incitaciones ardorosas a la carga de bayoneta contra la herejía, sino libros serenos, reposados, obras ascéticas, comentarios de la Escritura, sobre todo del libro de los salmos, y su magnífica *Vida de San Antonio*, que data quizás de este último período.

Después de haber sufrido y combatido tanto, "murió en su lecho", como se dice en la lectura sexta del segundo nocturno de maitines del Oficio Divino correspondiente al santo, que se rezaba hasta la última reforma conciliar de la liturgia. Hay en esta observación un dejo de tristeza mal disimulada. Hubiera parecido más apropiado para esta alma intrépida, la corona del martirio. Pero a la verdad toda su vida fue un martirio, no por incruento menos doloroso.

Señalemos con Bardy, su mejor biógrafo, que pocos hombres han sido, en vida, objeto de tanto odio y de tanto amor como él. Para sus fieles de Egipto, no era solamente la encarnación más perfecta del temperamento y del carácter nacional, sino que aparecía también encomiado por la enorme autoridad de que gozaba, ya que le bastaba con hacer un gesto o pronunciar una palabra para ser inmediatamente seguido por todos, obispos, monjes, vírgenes, e incluso aquellos robustos marineros de la flota encargados del abastecimiento de cereales, que en Alejandría le formaban una especie de guardia personal. Pero por encima de todo, para los suyos era el obispo, el asceta, el santo; y estos títulos de alabanza, por los que los fieles habían acogido con tanta complacencia el anuncio de su elección episcopal, no dejaron de caracterizarlo cada vez con mayor propiedad hasta el último día. Desde fuera de la zona de su jurisdicción episcopal, era mirado como el representante de una idea y de una convicción. Todos eran conscientes de que cuando lo defendían, estaban defendiendo la fe de Nicea, e instintivamente los ortodoxos de toda la Iglesia se agrupaban bajo su bandera. Cada una de sus victorias era una victoria de la verdad; cada uno de sus exilios parecía una derrota de la fe. Sus amigos le fueron fidelísimos, en las buenas y en las malas. Del venerable Osio de Córdoba se cuenta que cuando, en el año 357,

Constancio y los obispos arrianos, aprovechándose
de su ancianidad, a fuerza de promesas y de violencias lograron hacerle firmar una profesión de
fe ambigua, al pedirle luego que condenase a Atanasio, el anciano se negó de manera terminante.
Su cabeza debilitada se embrollaba en la cuestiones teológicas, pero Atanasio seguía siendo para
él una persona concreta, un amigo, un compañero
de lucha y el abanderado de la ortodoxia. Fue imposible hacerlo consentir.

En cuanto a sus adversarios, se mostraron tan
implacables con él como sus amigos le fueron adictos. Desde el primer día de su episcopado debió
experimentar esta inquina: ninguna de sus palabras, ninguno de sus actos fue pasado por alto.
Todo debía atravesar el tamiz de la crítica. Cuando
se lo encontraba en falta, con qué alegría se lo de-
nunciaba al Emperador; si los motivos de acusación no eran lo bastante convincentes, pronto se
inventaban nuevas causas, convirtiéndolo por ejemplo de adversario religioso en enemigo político: está enviando oro a un pretendiente al trono, impide
el transporte de trigo, pacta con los rebeldes. Eran
excusas. Lo que más les dolía era su integridad
doctrinal. Nada pinta mejor el odio de aquellos
hombres que este ruego que en uno de sus escritos
pone Atanasio en boca de sus rivales: "Te hemos
suplicado –les hace decir, dirigiéndose a Constancio–, y no hemos sido creídos. Te decíamos que
trayendo de nuevo a Atanasio, expulsabas nuestra
herejía, y he aquí que en adelante ha llenado todo
con sus escritos contra nosotros, poniendo en comunión suya a la mayoría de las iglesias. Vuelve a

perseguirlo de nuevo, y patrocina la herejía, porque tú eres su rey". Él mismo había escrito textualmente, hablando de sus enemigos, en carta a los obispos de Egipto y Libia: "Tienen sed de mi muerte; no dejan de querer derramar mi sangre". Fue, en verdad, un signo de contradicción.

A través del combate, la contemplación y el ardor apostólico, Atanasio alcanzó la santidad. Enseguida de su muerte, se comenzó a honrarlo como santo. Parece que fue uno de los primeros obispos no mártires que hayan recibido en la Iglesia culto público. En la extensa y solemne oración fúnebre que pronunció San Gregorio de Nacianzo, con motivo de la muerte de su amigo, asoció en un común elogio a Atanasio con los patriarcas, los profetas, los apóstoles y los mártires que combatieron por la verdad.

2. El instinto sobrenatural del pueblo cristiano

No sólo fueron algunos obispos. Tras ellos hubo un pueblo cristiano que resistió firmemente los dislates de sus malos pastores. San Hilario tuvo la experiencia de encontrar no pocas veces más fe en el pueblo cristiano que en sus propios pastores: *Sanctiores sunt aures plebis* –decía– *quam corda sacerdotum* (los oídos de los fieles son más santos que los corazones de los sacerdotes). Newman, tras haber estudiado concienzudamente la época que nos ocupa, lo dice de manera no menos tajante: "El pueblo católico, a lo largo y a lo ancho de la Cristiandad, fue el obstinado campeón de la verdad católica; los obispos no lo fueron". Ello, por cierto, excluyendo las gloriosas excepciones a que nos hemos referido, y a los que hubiera que agregar varios más. El mismo Hilario escribía desde su destierro en el Oriente: "No estoy hablando de cosas extrañas a mi conocimiento; no estoy escribiendo de cosas que no conozco; yo he oído y visto los defectos de las personas que están a mi alrededor, no laicos, sino obispos. Pues bien, exceptuando el obispo Eleusis y unos pocos más, la mayor parte de [los obispos de] las diez provincias de Asia, dentro de cuyos límites estoy viviendo, son verdaderamente ignorantes de Dios".

La situación parecía generalizada, según lo atestigua el santo obispo de Poitiers: "Casi todas las iglesias en el mundo entero, bajo la excusa de la paz y del emperador, están mancilladas por la comunión con los arrianos". Y refiriéndose a un reciente concilio que introducía nuevas mutaciones, escribe: "Los católicos de la Cristiandad estaban extrañamente sorprendidos de encontrarse que el cambio los había vuelto arrianos". A su juicio, los cambios continuos no podían sino conturbar a los fieles. "Desde el Concilio de Nicea no hemos hecho otra cosa que redactar Credos... Toma, por ejemplo, el último Credo del año, ¿qué alteración no habrá sufrido? Primero, tenemos el Credo que nos prohíbe usar el «consustancial» niceno; luego viene otro, que lo decreta y lo predica; después, el tercero, que excusa la palabra «sustancia», como si hubiese sido adoptada por los Padres en razón de su simplicidad; finalmente, el cuarto, que en lugar de excusar, condena. Establecemos credos por un año y hasta por un mes, cambiamos nuestras propias decisiones, prohibimos nuestros cambios, anatematizamos nuestras prohibiciones. De esta manera, o condenamos a los demás en nuestras propias personas, o a nosotros mismos en los demás, y mientras nos mordemos y devoramos entre nosotros, es como si fuéramos consumidos el uno por el otro".

El desconcierto era inenarrable, y la orfandad consiguiente, desgarradora. Cuando los buenos cristianos tenían la desgracia de caer en manos de un mal pastor, lo aislaban completamente, dejándolo en total soledad. Leamos lo que nos cuenta un historiador de la época. En cierta ocasión, los jefes arrianos lograron expulsar al obispo católico de la diócesis de Samosata, supliéndolo por un obispo arriano. Nadie, ni pobre ni rico, ni hombre ni mujer, entró en tratos con él. Un día que fue a los baños públicos, tras su ingreso, los encargados cerraron las puertas del local. Él les pidió que las abriesen para que ingresara la gente que se encontraba afuera. Al ver que nadie entraba, pensó que era por deferencia hacia él. Entonces se retiró. Aun así la gente se resistía a entrar, pensando que el agua había quedado contaminada por su herejía. Sólo aceptaron hacerlo cuando los encargados cambiaron toda el agua. Más allá de su cuota de superstición, la anécdota muestra fehacientemente la tirria que suscitaba en la gente sencilla la secta arriana. Al darse cuenta de la animadversión general del pueblo, el mal pastor debió abandonar su sede.

San Hilario se hacía eco de esta situación cuando así escribía al emperador Constancio: "No sólo con palabras sino con lágrimas, os pedimos que salvéis las Iglesias Católicas de que se sigan prolongando, ya de manera demasiado larga, las más penosas afrentas, así como las actuales persecuciones e insultos intolerables, monstruoso como es ello, de parte de nuestros propios hermanos. Seguramente vuestra clemencia oirá la voz de los que claman tan fuertemente: «¡Soy católico, no deseo ser hereje!». Debería parecer equitativo a vuestra santidad, muy glorioso Augusto, que los que temen al Señor Dios y su juicio no sean manchados y contaminados con execrables blasfemias, sino que tengan libertad de seguir a aquellos obispos y prelados que observan invioladas las leyes de la caridad, y que desean una perpetua y sincera paz. Es imposible, es irrazonable, mezclar lo verdadero y lo falso, confundir la luz y la tiniebla, y unir, de cualquier modo, la noche y el día. Dad permiso a los pueblos para que oigan la enseñanza de los pastores que ellos han deseado, que ellos han elegido...".

Como se ve, la fe del pueblo cristiano era profunda, se le había hecho piel. Es claro que en respaldo de esa fe se encontraban aquellos grandes obispos, santos y doctores de la Iglesia, que los acompañaron con su integridad y su espíritu de resistencia. Sin embargo, no deja de llamar la atención el contraste entre las multitudes de cristianos que permanecían fieles a la doctrina de Nicea y los pocos obispos que la defendían a rajatabla. Newman no ha temido considerar este tema nada sencillo, en un largo apéndice al término de su libro sobre el arrianismo. Allí deja bien en claro que dicho contraste no permite ninguna consideración errónea sobre la legítima autoridad doctrinaria de la Iglesia docente, del magisterio auténtico de la Iglesia. Sólo se trata de una cuestión histórica, no doctrinal. Así fueron los hechos: a lo largo del siglo IV hubo un Papa débil en doctrina así como un gran número de obispos que claudicaron, si bien ninguna de sus decisiones fueron *ex cathedra*. "Lo que yo quiero decir es que en este tiempo de inmensa confusión, el divino dogma de la divinidad de Nuestro Señor fue proclamado, inculcado, mantenido, y, humanamente hablando, preservado, mucho más por la «Ecclesia docta» [la Iglesia enseñada] que por la «Ecclesia docens» [la Iglesia que enseña]; que el conjunto del Episcopado fue infiel a su misión, mientras que el conjunto del laicado fue fiel a su bautismo; que a veces el Papa, a veces el patriarca, un obispo metropolitano o de otra gran sede, y otras veces los concilios, dijeron lo que no había que decir, u oscurecieron y comprometieron la verdad revelada; mientras que, del otro lado, fue el pueblo cristiano quien, bajo la Providencia, constituyó la expresión del vigor eclesiástico de Atanasio, Hilario, Eusebio de Vercelli, y otros grandes solitarios confesores, que habrían fracasado sin ellos... Así fueron las cosas. El conjunto de los obispos falló en la confesión de la fe. Hablaron de manera diversa, uno contra otro; después de Nicea, no propusieron nada firme, invariable, ningún testimonio consistente, y ello por cerca de sesenta años". Frases audaces, sin duda, pero que de ningún modo ponen en cuestión que la verdad, a pesar de las apariencias, permaneció en los mejores hijos de la Iglesia, siempre fiel en su esencia a la tradición apostólica.

Volvamos, una vez más, al gran santo del siglo IV, San Atanasio. Hoy, después de haber transcurrido tantos siglos, su recuerdo permanece en pie. Es cierto que la Iglesia de Alejandría, a la que dirigió durante casi medio siglo, protegiéndola con tanto cuidado de todos los peligros, ya no es ni la sombra de lo que fue. La herejía y el cisma la invadieron menos de un siglo después de la muerte del gran obispo. Luego vendría el Islam, barriendo con todo. Apenas si quedan ahora algunos fieles en esa Iglesia tan amada del patriarca.

A pesar de todo, persiste lo principal: la doctrina de Atanasio. Cada vez que en el Santo Sacrificio de la Misa se confiesa el credo de Nicea, cada vez que afirmamos nuestra fe en Jesucristo, Hijo único de Dios, nacido del Padre antes de todos los siglos, Dios de Dios, luz de luz, Dios verdadero de Dios verdadero, engendrado, no creado, consustancial al Padre, por quien todo fue hecho, no podremos menos de recordar a ese gran pastor, su estampa, sus esfuerzos, sus luchas, sus exilios, que hicieron posible la fórmula de fe que hoy pronunciamos con entereza. Para que pudiésemos decir eso vivió Atanasio.

* * *

He aquí cómo viró la nave de Pedro frente a esta terrible encrucijada de la historia. La época que va del Concilio de Nicea al Concilio de Constantinopla, seis largos decenios, fue una tormenta ininterrumpida, casi peor que las persecuciones romanas, ya que éstas no sólo fueron esporádicas sino que también provenían del exterior de la Iglesia. El arrianismo, en cambio, pareció corroer a la Iglesia desde sus propias entrañas. Su triunfo completo hubiera implicado, simple y llanamente, la destrucción de la Iglesia Católica.

Vencido en el campo doctrinal, tanto en Oriente como en Occidente, despojado de sus apoyos políticos, el arrianismo buscaría un último refugio entre los bárbaros que se asomaban a la historia. Las tribus germánicas, quizás influidas por las guarniciones militares romanas que se encontraban en las cercanías, defendiendo las fronteras del Imperio, y que nunca habían ocultado su inclinación por el ideario de los arrianos, al abrazar el cristianismo, siguiendo a sus respectivos caudillos, habían ya adoptado la confesión arriana. Sólo ellos conservaron una organización eclesiástica de tipo arriano, que perduraría hasta muy entrado el siglo VII. Pronto se arrojarían sobre lo que quedaba del Imperio, poniendo una vez más en peligro a la Iglesia Católica. Tal será la cuarta tempestad de la historia, que sacudió la nave de Pedro. De ella trataremos en nuestra próxima conferencia.

Libros consultados

Godefroid Kurth, *La Iglesia en las encrucijadas de la historia*, Difusión chilena, Santiago 1942.

Hubert Jedin, *Manual de historia de la Iglesia* I y II, Herder, Barcelona 1990.

B. Llorca-R. García Villoslada, etc., *Historia de la Iglesia Católica*, tomo I, La Edad Antigua, BAC, Madrid 1950.

Hilaire Belloc, *Las grandes herejías*, Tierra Media, Buenos Aires 2000.

Juan Schuck, *Historia de la Iglesia de Cristo*, Dinor, San Sebastián 1957.

Card. Hergenröether, *Historia de la Iglesia*, Bibl. de la "Ciencia Cristiana", Madrid 1884.

J. Daniélou-H. I. Marrou, *Nueva historia de la Iglesia*, tomo I, Cristiandad, Madrid 1964.

John Henry Newman, *The arians of the fourth century*, Longmans, Greens and Co., London 1919.

Impreso en Ediciones del Oeste
Luis María Campos 1592, Morón,
Buenos Aires, República Argentina

Agosto del 2002